人性

人心比墨還黑，
你[illegible]黑；
人[illegible]滑，
你要懂得狡猾。

人性是複雜的，多少有點自私，偶而會貪婪，再善良的你也要有點心機，有些事自己搞不懂，就別說人心險惡。

陶淵亮 著

這是一碗味道不同的雞湯，
請小心服用！

U0050472

序言：有些事自己搞不懂，就別說人心險惡

如果想在這個人心險惡的人性叢林，無往不利，除了要做事認真，另外，在做人方面必須懂得比別人「賊一點」，雖然這種「賊一點」的智慧，聽起來不怎麼高尚，但卻保證不會讓自己吃虧，也就是說只要我們懂得做人賊一點，就不會搞不清楚什麼是「場面話」，就不會在攸關自己成敗的關鍵時刻，問了不該問的問題，講了不該講的話，以及就會知道為什麼該裝糊塗，就不要打破砂鍋問到底，為何示弱需要智慧，更需要「不要臉」的勇氣……。

只要我們懂得做人賊一點，就可以搞懂以前搞不懂的爾虞我詐和人情世故，就不會在攸關自己成敗的關鍵時刻，問了不該問的問題，講了不該講的話……總之，只要我們懂得做人「賊一點」，就會讓自己吃虧小一點；只要懂得做人「賊一點」，就會讓自己後悔少一點；只要懂得做人「賊一點」，就可以讓自己快樂多一點。

總公司的李主任第一次到分公司視察，中午時，分公司同仁請他到餐廳吃飯。用餐期間，一個年輕同事對著餐廳電視隨口說了一句「這個光頭大肚子長的跟隻青蛙似的，一看就不是什麼好

人。」李主任當時沒有說什麼，只是下意識的摸了摸微凸的小肚腩，隨後一整天都顯得不大高興。後來這個同事才知道，李主任不光有點啤酒肚，那一頭濃密的秀髮還是假的……。

都說言多必失，其實，言少也會壞大事，只要在錯誤的時間錯誤的地點說出一句錯誤的話，就足以讓你後悔一輩子。

有些事，不能打破砂鍋問到底

小李剛進公司做事時，除了薪資，從沒享受過什麼補貼。一個偶然的機會，他發現那個沒事就在聊私人電話的小趙竟然手機費實報實銷，這讓他很不服氣。於是，他藉著彙報工作的時候也向主管提出手機費用的申請，主管聽了很驚訝，表示普通職員都沒有通訊補貼。

「但是小趙就有啊！他的費用實報實銷，而且還不低呢。」小李回說。

主管聽了沉吟道：「是嗎？等我瞭解一下情況，再回覆你。」

這一瞭解就是兩個月，死心眼的小李見主管沒動靜，又去追問主管，這回主管聽後許久才回答：「這需要時間調查，是否真像你說的那樣，我也不能確定。」

之後，小李找到同事抱怨，卻被人家一語道破天機：「那是主管夫人的電話，只不過借了小趙的名字申請而已，人家大處不貪，小便宜你也不讓他佔嗎？」

你要聽懂老闆的「場面話」

有一個人十幾年沒有升遷，於是去拜訪人事部經理，希望能調到別的部門，因為，他知道那個部門有一個空缺，而且他也符合條件。

人事部經理表現得非常熱情，並且當面應允，拍胸脯說：「沒問題！」

他高高興興的回去等消息，誰知幾個月過去，一點消息也沒有，打電話過去，經理不是不在就是正在開會；問其他人，別人告訴他，那個位置已經有人捷足先登了。他很氣憤的說：「那他當初又為什麼對我拍胸脯說沒有問題？」

其實，這件事的真相是：人事部經理說了場面話，而他相信了他的場面話！告訴你這個故事，一個很大的原因就是要你認識到什麼是人性叢林中的「場面話」。

場面話不是欺騙、虛偽，而是一種必要的客套

所謂的「場面話」，就是在場面上說說而已，你如果當真，那就是你的錯了。而說場面話也是一種生存智慧，在人性叢林中進出過一段時日的人都懂得說，也習慣說，這既不是罪惡，也不是欺騙，而是一種必要。因為，有些事情說得太坦白，大家面子上都難看。因此，有時候，與不太熟的人交往，其實是需要說一些場面話，做一些表面功夫。

然而，場面話所說的有的是實情，有的則與事實有相當大的差距。但有時候，不說又不行，因

黑黑還厚墨得比懂心要人你

此，說起來雖然有說謊之嫌，但只要不太離譜，聽的人十之八九都感到高興。

譬如老闆最常說的「我全力支持你」、「有什麼問題儘管來找我」、「大家有意見儘管提」……等等的這些話，就是說說而已，你聽聽就好，千萬不能太當真。

簡單說，只要懂得做人「賊一點」，我們就會有足夠的「心計」，去搞懂以前搞不懂的爾虞我詐和人情世故，我們就不會再像以前一樣，吃了別人的「悶虧」，就只能說別人「人心險惡」來安慰自己。

目錄

序言：有些事自己搞不懂，就別說人心險惡

第一輯：三十年年資，只有一年經驗

別為了面子，讓自己無路可走 16
說好場面話，走遍天下都不怕 18
弄懂職場潛規則，別妄想絕對公平 20
三十年年資，只有一年經驗 22
不要為自己的錯誤找藉口 24
面對失敗，是選擇責任，還是選擇藉口呢？ 26
想成功，就必須摘掉「勢利眼」的眼鏡 28
不要將「小人物」當成你的出氣包 30
為自己「估價」要用價值不要用價格 32

第二輯：做好人，不要做好利用的人

沒有你，地球每天照樣轉動 36
我們經常過度在乎自己對於別人的重要性 38
做好人，不要做好利用的人 40
掌握分寸，不要讓寬容變成縱容 42
表面軟弱的人，別人會當做你好欺負 44
老實人也要加上一層保護膜來偽裝 46
如果你不想被別人看透 48
該裝傻的時候就不要裝聰明 50
別輕易相信別人對你的保證 52
為自己留下一條退路 54

第三輯：示弱，是一種經營人生的灰智慧

放低姿態，讓領導者對你放心 58
身段柔軟的人最有心計 60
為了面對殘酷的現實，我們必須不斷的妥協 62
示弱，是一種經營人生的灰智慧 64
當我們處於劣勢的時候，要學會忍耐 66
從低處開始起步，並不是糊塗 68

鋒芒太露，容易遭到嫉恨，更容易樹立敵人 70
你要想辦法把自己的聰明隱藏起來 72
不要與你的上司搶風頭 74

第四輯：想生存，就要懂得如何「裝死」
你要懂得偽裝自己 78
不要當鋒芒過於畢露的出頭鳥 80
想生存，就要懂得如何「裝死」 82
「詐死」或「裝敗」，可以降低對方的戒心 84
先放下心中死也不肯放下的東西 86
做出正確的取捨，才可以把握自己的命運 88
不要把自己想得太偉大 90
原諒那些曾經傷害過你的人 92
以恨對恨，恨永遠存在 99

第五輯：在這個世上，一定會有人對你不滿意
吃軟不吃硬，是人類的本性 98
人生最大的困擾就是沉迷於別人的看法中 100
在這個世上，一定會有人對你不滿意 102

想學會變通，就從改變自己的思維開始做起 104
想要走出牛角尖，就要打破常規 106
打破常規，不走大家都走過的尋常路 108
選擇自己的舞台，要以利益做為選擇的標準 110
權力只是一種贏得權力的手段，不是你的最終目標 112
做自己最擅長的事情 114

第六輯：閉上你的嘴巴，你會更有影響力

如果你懂得對別人友善一點 118
批評別人之前，先讚美別人 120
你要知道別人想要什麼 122
就算是好話，也要好好說 124
不要讓自己的言談破壞自己的印象 126
在舉手投足之間，顯示你的真性情 128
控制自己，不是一件非常容易的事情 130
閉上你的嘴巴，你會更有影響力 132
小心失言惹禍上身 134
當你對別人說「你的想法有問題」的時候 136

第七輯：該裝糊塗，就不要打破砂鍋問到底

難得糊塗，才會難得成功 140
腦袋越清楚的人，越懂得裝糊塗 142
把「對不起」當成口頭禪的「謝罪學」 144
你敢說別人不想聽的真話嗎？ 146
「有所不為」的底線哲學 148
不要自作聰明，才不會聰明反被聰明誤 150
你要懂得保全別人的面子 152
該裝糊塗，就不要打破砂鍋問到底 154
你要懂得推銷自己 156
用「蜂蜜」當做滋潤別人心靈的武器 158

第八輯：你要知道別人喜歡聽什麼？

別自卑，出身不能代表未來 168
在關鍵時刻抓住別人的眼光 164
貴人其實就藏在你身邊 166
你要知道別人喜歡聽什麼？ 168
讓別人有一種受到重視的感覺 170

想要戰勝對手，需要的不僅僅是實力 172
萬分之一的可能性也不放棄 174
用「我們」來經營你的人際關係 176
人際關係，你的職場生存工具 178
要實際，但不要勢利 180

第九輯：你應該在關鍵時刻及時調整目標

當別人對你提出忠告的時候 184
目標無論大小，找對目標最重要 186
把注意力集中在一點 188
每一個目標，都要設定一個期限 190
得到了，不一定就是好事 192
你應該在關鍵時刻及時調整目標 194
只要勤於思考，總有解決的方法 196
留心週圍需要留心的東西，才不會錯失良機 198
等待機會不如製造機會 200
熱忱，就是把全身的每一個細胞都挑動起來 202

第十輯：禮物不是越貴重越好，小心厚禮沒人收

誰都想讓自己被別人需要 206
你的熱忱決定你的成就 208
老闆如果懂得「賊一點」 210
送禮在平時，先有禮後有利 212
送對禮，比會送禮更重要 214
禮物不是越貴重越好，小心厚禮沒人收 216
送禮一定要送到心坎上 218
送對身份，恰到好處才是好禮 220
精心包裝，讓你的禮物物超所值 222

如果想在這個人心險惡的人性叢林，無往不利，除了要做事認真，另外，在做人方面必須懂得比別人「賊一點」，雖然這種「賊一點」的智慧，聽起來不怎麼高尚，但卻保證不會讓自己吃虧。

第一輯：三十年年資，只有一年經驗

如果你永遠犯著第一年就犯過的錯誤，那麼不論你在公司做了多少年，你永遠都只有一年的經驗。只有正確認識到自己的缺點，才可以避免重複自己的失敗和錯誤，也才能讓自己最終走向成功。

別為了面子，讓自己無路可走

很多時候我們經常礙於情面，不得不去做一些違背自己心意的事情。

每個人都愛面子，面子很重要嗎？很多時候，我們經常聽到這樣的對話，「還是您有面子啊，人一到事就成了。」好像有了面子，做事也就簡單得多了。但是面子也不是萬能的，我們在人生過程中，還是會遇到一些必須放下面子，放下身段的事情時。

韓信忍胯下之辱，就是放下一時的面子，拋棄那些無關緊要的面子問題。如果當時他不能放下臉面，而拔劍殺了那個流氓，其後果無外乎就是亡命天涯……。

人的「面子」是一種「自我認同」，這原本並不是什麼不好的事。但這種「自我認同」也是一種「自我限制」，也就是說「因為我是這種人，所以我不能去做那種事」。

如果放不下面子，會讓自己無路可走

而自我認同越強的人，自我限制便越厲害，千金小姐不願意和幫傭同桌吃飯，博士不願意當基層業務員，高級主管不願意主動去找下屬職員，知識份子不願意去做「不用知識」的工作……他們認為，如果那樣做，就有失他們的身份。

其實，這種「面子」只會讓路越走越窄，並不是說有「面子」的人，就不能有得意的人生，而是說在非常時刻，如果還放不下面子，那麼會讓自己無路可走。

像博士如果找不到工作，又不願意當業務員，那只有挨餓了；如果能放下身段，不要在乎別人的眼光和批評，做你認為值得做的事，那麼路將會越走越寬。

放下身段比放不下身段的人，在競爭上多了幾個優勢：

第一個優勢是能放下身段的人，他的思考富有高度的彈性，不會有刻板的觀念，進而能吸收各種資訊，形成一個龐大而多樣的資訊庫，這將是他成大事的本錢。

第二個優勢是能放下身段的人，能比別人早一步抓到好機會，當然也就可以比別人具有更多的成大事的資本。

任何時候，都別低估人性

如果想在社會上成就一番事業，成為真正的成功人士，那麼就要敢於放下身段，即要放下你的學歷、你的家庭背景、你的身份，讓自己回歸到「普通人」中，這才是你成功的基礎。

說好場面話，走遍天下都不怕

場面話是必須說的，因為不說，對你的人際關係會有所影響。

對於拍胸脯答應的場面話，你只能保留態度，以免希望越大，失望也越大；只能姑且信之，因為人情的變化無法預測，你既然測不出他的真心，只好抱持最壞的打算。

要知道對方說的是不是場面話也不難，事後求證幾次，如果對方言辭閃爍，虛與委蛇，或避不見面，避談主題，那麼對方說的就真的是場面話了！

所以對這種場面話，也要有清醒的頭腦，否則，可能會壞了大事。

場面話是人際關係的潤滑劑

高明的場面話，說的人舒服，聽的人也舒服，使雙方可以更快的互相認同。所以，一個人會不會說場面話，甚至會直接影響他的人脈財富。

另外，場面話也是打開交際大門、促進溝通和瞭解的金鑰匙，譬如兩個初次見面的人，在交談中多說一些場面話來串場，就能打破不太熟悉的感覺，立刻攀談起來，進而更快的熟悉彼此。

即使是舊相識，如果已經很久沒有見面了，也會先說先用場面話來寒暄客套一下，然後才會進入正題。

場面話確實容易讓人接受，讓人聽著心裡舒服一些，不過，有些原本不好說出口的話，經過場面話的處理後，聽起來雖然會讓人很舒服，但是，千萬別將這些裹著蜜糖的「場面話」當真喔！

任何時候，都別低估人性

在人性叢林中進出過一段時日的人都懂得說說場面話，也習慣說。這不是罪惡，也不是欺騙，而是一種必要的生存智慧。

弄懂職場潛規則，別妄想絕對公平

員工守則上沒有寫的東西，更需要用心去默默參透。

有個媽媽育有一對雙胞胎兄妹，為了公平，對所有的事都是一視同仁，任何東西，一定是一人一份。但即使這樣也還會有不公平的情況發生，譬如兩個蘋果大小不一樣，媽媽就說，妹妹小，這個大的先給妹妹，下次再給哥哥……但孩子們還是心有不滿，例如哥哥會說：「憑什麼我要先吃小的？」

身在職場，主管在某些程度上就扮演著媽媽的角色。因為主管精力有限往往無法注意到每個人每天都在想些什麼，更何況每個人的起點不同、情況不同，你又要主管如何公平呢？

職場是一個怎麼做，都不可能公平的地方

員工守則上沒有寫的「潛規則」與白紙黑字寫在大家眼前的「顯規則」不同，也就是「潛規則」永遠不會有人大方的告訴你，因此，不要怪老闆心思太多，要怪就怪自己心計不夠。

很多東西如果你現在弄不懂，恐怕往後無論再換什麼工作，日子都不會太好過。也就是不要天真的以為，以價值為衡量標準最公平，只要低下頭好好做事就應該加薪升職，因為，老闆的心，永遠都會斜向懂得他心思的員工身上。

不要跟同事說老闆的壞話

清朝雍正皇帝在位時，按察使王士俊被派到河東做官，大學士張廷玉推薦一個傭人給他。這個傭人做事謹慎，因此，王士俊把他當作心腹使用。

王士俊任官期滿準備回京，這個傭人突然要求告辭離去。王士俊問他為什麼？那人回答：「我原是皇上的侍衛，皇上叫我跟著你，你幾年來做官，沒出什麼大差錯。我先行一步回京城去稟報皇上，替你說幾句好話。」王士俊聽後嚇壞，幸虧自己平時做事謹慎，沒有說錯一句對皇上不敬的話，否則，恐怕命早就沒了。

這個故事告訴我們，在職場，即便你對老闆再怎麼不滿，也不要跟任何同事或部屬說，就算這些同事或部屬跟你的交情再如何麻吉，也一樣不能說。

任何時候，都別低估人性

一個成功的領導者要讓下屬覺得自己被信任，但同時，也不能輕易對某個人完全信任。

三十年年資，只有一年經驗

即便你有二、三十年年資，也不要重複犯著第一年就犯過的錯誤。

曾經有個工人得不到提拔，薪資停頓不前，他在老闆面前抱怨說：「我在這裡已做了三十年了，比你提拔的許多人多了二十年的經驗。」

其實，老闆沒有辭退這個工人，已經是看在他是老員工的面子上，很客氣了，這個時候被他質問，只好亮出底牌說：「不對！你只有一年的經驗，你從自己的錯誤中，沒學到任何教訓，你仍在犯你第一年剛做事時的錯誤。」

像這個工人就是不懂得修正錯誤、改進工作方法的人。或許，他認為自己做得很好——自我感覺良好，進而放棄了進步的可能。如果是這樣的話，那他就太高估自己了。

一個人在成為業界精英以前，是沒有資格認為自己已經做得很好的。而這個工人，他顯然沒有到達業界精英的地步。

人是在與失敗、錯誤的較量中成長的，如果你不想多年後，被人評定為「可有可無」的話，那你就該認真檢視你所做的每一份工作，檢視你的每一份「作品」。或許，你會從中發現你出了很多漏洞，從而你會發現你有很大的進步空間，並從此走向成功的彼岸。

價值在挫折中增長

人生應該是積極向上的，在前進的過程中要正確認識自己的缺點，也就是說如果你像前述故事中的那個做了三十年的工人一樣，永遠犯著第一年就犯過的錯誤，那麼不論你在公司做了多少年，你永遠都只有一年的經驗。只有正確認識到自己的缺點，才可以避免重複自己的失敗和錯誤，也才能讓自己最終走向成功。

任何時候，都別低估人性

做人的一個關鍵步驟，就是隨時都要敢於改正自己的缺點，讓「改正自己缺點」的這一點變成自己的優點。

不要為自己的錯誤找藉口

很多為錯誤找的藉口，粗看起來好像很有道理，值得原諒，但其實不然。

西漢時期，有一天，漢武帝外出視察，路過宮門口時看到一個頭髮全白的衛兵，穿著很舊的衣服，站在門口非常認真的檢查出入宮門之人。於是，漢武帝就走上前詢問起來。

老人答：「我姓顏名駟，江都人。從文帝起，經歷三朝一直擔任此職。」

漢武帝問：「你為什麼沒有升官機會？」

顏駟答：「漢文帝喜好文學，而我喜好武功；後來漢景帝喜好老成持重的人，而我年輕喜歡活動；如今您做了皇帝，喜歡年輕英俊有為之人，而我又年邁無為了。因此，我雖然經過三朝皇帝，卻一直沒有升官，慚愧啊！慚愧啊！」

顏駟幾十年沒有升職，難道真的就沒有自己的原因嗎？他歷仕三朝，換了三種用人風格的皇帝，都沒有升遷的機會，那就應該在自己身上找原因了，怎麼能總是怪時運不濟呢？就好比一個公司職員，在三個主管手下工作過，卻都不能得到賞識，能說全是主管的責任嗎？

不要再為自己找藉口

在工作中，面對沒有完成的銷售任務，面對沒有做完的公司報表，很多人用時間不夠、不熟悉程式、別人不肯合作等來做出一個看似合理的解釋。粗看起來，好像很有道理，值得我們原諒。其實不然，因為這種解釋不過是這些人從潛意識裡給自己的工作失誤尋找藉口，只是想將自己的過失推脫掉罷了，這正好也是高效合作的工作團隊中所不能容忍的。

如果允許這種情況的存在，便是對團隊的不負責，是對整個公司的傷害。因為，一群總是試圖解釋和尋找藉口的員工，只能帶來低下的效率與失敗的命運。

做人賊一點，吃虧小一點

一般人從潛意識裡給自己的工作失誤尋找藉口，只是想將自己的過失推脫掉罷了，真正懂得做人「賊一點」的人，即便真的要幫自己的錯誤找藉口，也會做到讓別人完全看不出來。

面對失敗，是選擇責任，還是選擇藉口呢？

找藉口進行解釋，實際上是通向失敗的前奏。

日本的零售業巨頭大榮公司中曾流傳著這樣的一個故事：兩個很優秀的年輕人畢業後一起進入大榮公司，不久被同時派遣到一家大型連鎖店做一線銷售員。

一天，這家店在清核帳目的時候，發現所交納的營業稅，比以前出奇的多了好多，仔細檢查後發現，原來是兩個年輕人負責的店面，將營業額多打了一個零！

於是，經理把他們叫進了辦公室，當經理問到他們具體情況時，兩人彼此面面相覷，但帳單就在眼前，一切都是確鑿的。在一陣沉默之後，兩個年輕人分別開口了，其中一個解釋說自己剛開始工作，有些緊張，再加上對公司的財務制度還不是很熟，所以，……

而在這個時候，另一個年輕人卻沒有多說什麼，他只是對經理說，這確實是他們的過失，他願意用兩個月的薪資來補償，同時他保證以後再也不會犯同樣的錯誤。

走出經理室，開始說話的那個員工對後者說：「你也太傻了吧，兩個月的薪資，那豈不是白做了？這種事情我們新手隨便找個藉口就推脫過去了。」後者卻僅僅是笑了笑，什麼都沒說。

但從這以後，公司裡出現了好幾次培訓學習的機會，然而，每次都是那個勇於承擔的年輕人可以獲得這樣的機會。另一個年輕人按耐不住了，他跑去質問經理為什麼這麼不公平。

經理沒有對他做過多的解釋，只是對他說：「一個事後不願承擔責任的人，是不值得團隊信任與培養的。」

面對失敗，是選擇責任，還是選擇藉口

找藉口進行解釋，實際上是通向失敗的前奏。尋找藉口只能造就千千萬萬平庸的企業和千千萬萬平庸的員工。面對失敗，是選擇責任，還是選擇藉口呢？選擇責任，你的路是向前的，責任會鞭策著你走得更遠。選擇藉口，你的路是後退的，藉口不僅會讓你原地踏步，甚至還會向後倒退。

任何時候，都別低估人性

認識缺點並改正它，需要靠自己的力量，這是別人無法幫你完成的，只有你敢於隨時修正自己的缺點，你才會避開平庸走向成功。

想成功，就必須摘掉「勢利眼」的眼鏡

與勢利眼相反地是「以誠待人」，也就是不以身分地位來做為對待別人的標準。

三國爭霸之前，周瑜並不得意。他曾經在袁術手下為官，被袁術任命為居巢長，也就是一個小縣的縣令。這個時候，地方上發生了飢荒，居巢的百姓沒有糧食吃，就吃樹皮、草根，活活餓死了不少人，周瑜做為父母官，急得心慌意亂，不知如何是好。

這個時候，有人前來獻計，說附近有個樂善好施的財主魯肅，他家素來富裕，想必囤積了不少糧食，不如去向他借點糧。於是周瑜帶人去拜訪魯肅。剛剛寒暄完，周瑜就直接說：「不瞞老兄，小弟此次造訪，是想借點糧食。」

魯肅根本不在意周瑜現在只是個小小的居巢長，他哈哈大笑說：「此乃區區小事，我答應就是。」魯肅親自帶周瑜去察看糧倉，這個時候魯肅家存有兩倉糧食，魯肅痛快的說：「也不用提什麼借不借的，我把其中一倉送給你。」周瑜及其手下一聽他如此慷慨大方，都愣住了。

要知道，在飢饉之年，糧食就是生命啊！周瑜被魯肅的言行深深感動了，兩人當下就交上了朋友。後來周瑜發達了，當上了將軍，他沒忘記魯肅的恩德，就將魯肅推薦給孫權，在周瑜死後，魯肅繼任東吳大都督一職，掌管東吳軍政大權。如果魯肅也用勢利眼看人，看不起周瑜，不給周瑜糧食，或許，他一輩子也就只能窩在小縣城當個土地主了。

做人不要太勢利

誠然，人生在世，交流眾多，不可能所有人都一律對待，就是朋友也會有所區分，何況不認識的人呢！但是，人生是多變的，古話講「三十年河東，三十年河西」，你怎麼知道對方不會飛上枝頭變成鳳凰呢？所以，做人雖然要實際一點，但是待人還是不要太勢利。

任何時候，都別低估人性

就算你不能「以誠待人」，但是也不用戴著「勢利眼」的眼鏡來看人，就算真的要用「勢利眼」來看人，也不能讓別人看出來。

不要將「小人物」當成你的出氣包

動不動就把別人當出氣包的人，很容易就會讓自己踩到人際地雷。

不要忽視你周遭的「小人物」，或許，你只是因為一點小事而心情不好，但卻把這種情緒帶到工作中，讓一些微不足道的「小人物」成為「受氣包」，當然大多數下屬只能忍氣吞聲，但是，其中一些自尊心較強的人，可能會找機會，重創你一下。例如，這些被你當成「出氣包」的「小人物」，也許他的家人握有決定你升遷的人事權，你這樣把他當成「出氣筒」，不就等於拿自己的未來開玩笑。

《戰國策》記載了一個故事：中山國君宴請都城裡的軍士，有個大夫司馬子期因未分得羊羹，一怒之下跑到楚國，勸說楚王攻打中山國。中山君被迫逃走，但他發現逃亡時，有兩個人跟在他後面，寸步不離的保護他。

中山君一問之下，才知道兩人的父親因為當年他給的一碗飯，才沒有餓死，因此，他們的父親臨終時囑咐他們：中山君如果有難，一定要盡死力報效他。中山君感慨的仰天而嘆：「我因為一杯羊羹而流亡國外，也因一碗飯而得到兩個願意為自己效力的勇士。」

「小人物」會變成幫你力挽狂瀾的「關鍵人物」

《三國演義》裡的曹操更是因為對待「小人物」態度的不同而影響大業。

在官渡之戰，兵處劣勢時，曹操聽說袁紹的謀士許攸來訪，竟顧不得穿衣服，赤著腳出來迎接，對許攸非常尊重。許攸感其誠意，遂為曹操出謀劃策，幫了他大忙。然而，曹操也吃過忽略「小人物」的虧，當他正一帆風順時，西川的張松前來獻地圖，他卻態度傲慢，以致於給張松留下了「輕賢慢士」的壞印象，於是，後來張松改變了主意，把原本要獻給曹操的西川地圖，轉而獻給了劉備。

在這個世上，沒有一成不變的事情，有些被你輕視的「小人物」或許有一天也會變成幫你力挽狂瀾或扶你一把的「關鍵人物」，就像當年曹操對張松如果像當年對許攸那樣尊重，西蜀的地盤說不定早就成為曹操的。

做人賊一點，吃虧小一點

給予，不在於多少，而在於給在正當別人困難的時候；怨恨，不在於深淺，而在於正好損害了別人的心，這些都是做人「賊一點」必備的心計。

為自己「估價」要用價值不要用價格

一個人的價值與他所能創造的價值是相等的。

很多年輕人在剛從學校畢業的那幾年，不是忙著工作，而是忙著找工作，因為總覺得那點微薄的薪水對不起自己的「身價」，但卻忘記自問一句「我是憑什麼為自己估價的？」

價值定位這個概念對企業管理很重要，它決定了企業要向什麼樣的客戶提供什麼樣的服務，如何在滿足客戶需要的同時，使企業取得成功。如果一個企業沒有一個清晰的價值定位，發展起來就很困難。同樣，個人要在職場中成功，同樣需要清楚的價值定位。企業透過經營獲得成功，個人也需要經營才可以步步高升。

制定合理的價值定位

每個身在職場的人都會對自己的身價有個定位，無論你將自己的價值定在多少，都請依照價值定位方法按照以下三步重新審視自我。

一、價值定位：你認為自己與別人的不同之處是什麼？為了穩固自己的價值，你還需要在哪些方面做什麼？

二、實用價值：你可以給企業帶來什麼？你給企業帶來的收益，就是衡量你價值的尺規。

三、溝通價值：會說不會做，是假聰明；會做不會說，是真傻子；會做又會說，才是真聰明。你可以認清哪些人是你職場發展中舉足輕重的重要人物嗎？你具備有效的溝通技巧，讓他們瞭解並肯定你的價值嗎？

每一個職場之人起點是接近的，然而，許多年後，他們所做出的成就卻差別很大的。有些人對待工作應付了事，對自己「作品」的不完善及其中錯誤之處不多加反思、修正，能力也始終得不到提高。而老闆看他做得不好，不敢把更重要的工作交給他去做，他的工作能力與見識也就一直停留在原來的水準上。而有些人對待工作兢兢業業，不斷的探求更好的解決方案，一切務求盡善盡美。由此，工作能力增長很快，老闆也讓他承擔更多的重要工作及支付給他更多的報酬。

做人賊一點，吃虧小一點

那些對工作中的錯誤視而不見的人，是不能成就大事業的，而且也是做人不夠賊的表現，因為，做人夠賊的人，不僅不怕犯錯，而且還會將自己犯的錯誤，巧妙地變成自己的優點。

人是在與失敗、錯誤的較量中成長的，如果你不想多年後，被人評定為「可有可無」的話，那你就該認真檢視你所做的每一份工作，檢視你的每一份「作品」。

第二輯：做好人，不要做好利用的人

不要奢望自己可以討好所有的人，因為越是想討好所有人，結果經常是無法討好任何人，因為不僅不會有人珍惜他們的「好」，而且還會加倍責備他們的疏忽，因此，你可以假裝討好任何人，但實際上卻沒有必要那樣做。

沒有你，地球每天照樣轉動

不要過度高估自己的能力，因為你真的沒有那麼重要。

或許你是一個標準的辦公室好人：在工作上全心投入，幾乎到了鞠躬盡瘁的地步，主管交給你的工作，你從來都是一絲不苟，即使要你免費加班，你也毫無怨言；同事拜託你的事情，無論份內份外，你永遠不忍心拒絕，即使你已經忙得暈頭轉向，但是你還是說：「沒問題，交給我吧！」

這樣做好人，是不是太委屈了

大多數的時候，老實的好人總是礙於情面而不好意思拒絕，結果卻讓許多原本不應該是自己的事情，最後全部落在自己的身上，進而讓自己面臨精神崩潰的地步。

哪一個老闆不喜歡全力奮鬥的員工？但是，如果你專注於犧牲奉獻，想要做一個模範員工，到最後恐怕只會累死自己。

你不希望給別人留下不好的印象

最明顯的現象，就是你總是做一些自己不想做的事情，即使你有不滿的情緒，你也強忍著去做。因為別人把這些事情交給你，是別人看得起你。如果你拒絕別人，別人就會批評你沒有團隊精神，讓你產生一種罪惡感。總而言之，你不希望給別人留下不好的印象。

在一個團體中，這種「討好」的心理，是可以理解的。行為心理學家稱這種舉動為「寄生依賴者」，也就是試圖憑藉外在的人和事來提升自我的價值。

然而，行為心理學家發現，絕大多數寄生依賴者都不快樂，他們的內心充滿著焦慮。

任何時候，都別低估人性

不要過度依賴別人的期望，因為經常過度依賴別人的期望，希望以別人的讚美來尋求自己的定位，如果不能得到好評，就會懷疑自己是不是出了什麼差錯。

我們經常過度在乎自己對於別人的重要性

到後來我們才發現，原來自己在別人心中，根本連個屁都不是。

根據分析，有許多「工作狂」都是寄生依賴者。他們每天工作超過十二個小時，就算是假日，也不放過自己，在他們全心投入工作之際，自己與家人的距離，卻逐漸的疏遠。

做人何必那麼累？有一些事情，你可以交給別人去做！

對於工作狂而言，如果自己不工作，就好像是被世界遺忘。所以，對於任何事情，他們都想一手包辦。因為這樣一來，才可以讓他們覺得自己是不可缺少的。

如果你勸他們：「何必那麼累？有一些事情，可以交給別人去做！」他們就會用堅定的語氣來回答你：「除了我以外，還可以指望誰？」

其實，繁重的工作反而會讓他們產生「被人關注」和「被人需要」的滿足感。

有些人則是缺乏自信，擔心拒絕別人就表示自己不合群，害怕自己會被別人孤立。他們為了搏取別人的好感，即使是非常無理的要求，也會不斷的點頭答應。

沒有什麼人是不能被取代的

行為心理學家同時指出，比較起來，女性似乎比男性更容易成為寄生依賴者。因為，女性從小就被教導要「服從」，當別人有所要求的時候，「拒絕」是一種不禮貌的行為。因此，許多女性在成年以後，周旋在丈夫、兒女、公婆之間，並且想要扮演好各種角色，如果她們發現自己力不從心，就會陷入極度沮喪的情緒中。

事實上，我們經常過度在乎自己對於別人的重要性。確實，沒有什麼人是不能被取代的，如果你把每件事都當作是你必須承擔的責任，根本就是在自討苦吃。所以，你真的應該好好的反省，到底什麼才是你的責任？

任何時候，都別低估人性

做人偶爾可以偷懶一下，何必那麼累？有一些事情，真的可以交給別人去做！

做好人，不要做好利用的人

雖說做人必須創造自己被別人利用的價值，但也應該要有個底限。

過於在意別人的想法，只會讓自己越活越累。

有一句古話說得好：「人善被人欺，馬善被人騎。」對此，你又是怎樣看待的？每個人都喜歡「好人」，也歡迎「好人」。因為，「好人」不具有侵略性，也不會傷害別人，甚至有時候還會為了別人而讓自己吃虧！

好人不是好利用的人

老實是好事，但是老實也要學會掌握尺度。雖然做好人是值得肯定的，但是絕對不能做「爛好人」！也就是當你能力有限的時候，別人來尋求你的幫助，應該拒絕的時候，就要徹底的拒絕，千萬不要勉強自己。

所謂的「爛好人」，就是沒有原則和沒有主見的「好人」。因為，缺乏原則與主見，所以導致是非難分，如果遇到無法解決的事情，就會「犧牲」自己來「成全」別人。

不敢說「不」的人，不值得同情

說一個「不」字，並不是不近人情，也不是自私冷酷。既然你無力幫助，如果過於勉強，反而會耽誤別人獲得幫助的機會。因此，不如讓別人知道你的苦衷，只要你真誠的說出自己的苦衷，一定可以得到別人的諒解和尊重。

不敢說「不」的人，經常是缺乏實力的人，或許他們害怕不順從對方的意思，自己一定會吃虧。但其實不然，因為，只有「敢於說不」和「勇於說不」的人，才可以真正的保護自己。

任何時候，都別低估人性

不要奢望自己可以討好所有的人，因為越是想討好所有人，結果經常是無法討好任何人，因為不僅不會有人珍惜他們的「好」，而且還會加倍責備他們的疏忽，因此，你可以假裝討好任何人，但實際上卻沒有必要那樣做。

掌握分寸，不要讓寬容變成縱容

無關緊要的事情，不必斤斤計較，關於原則的問題，絕對不能退讓。

與別人相處的時候，忍讓和寬容是一種美德，但是必須把握一定的尺度。如果一個人不敢堅持原則，就會失去做人的尊嚴和價值，在別人的眼中，這種人只是無能的懦夫，只能扮演「受氣包」的角色。

對於惡棍而言，忍讓和寬容的言行，就是一種吵雜的噪音，因為他們看不慣良好的教養。這些人經常得寸進尺，打你三下還不收手，這個時候，你應該反咬他一口。

當你採取忍耐策略的時候，也要有一個尺度。在下列的情況下，你就不能一味的忍讓。

下不為例，事不過三

所謂「事不過三」，指的是人們對於同一個對象的忍讓和寬容，可以一次或兩次，但是絕對不可以一再退讓。忍讓到一定的限度，必須有所表示，讓對方認識到自己的退讓不是因為害怕和無能，而是因為出於度量。

在日常生活中，經常有一些不識好歹的人，他們為所欲為，得寸進尺，把對方的忍讓當作是好欺負，因此不斷的步步緊逼。對待這種人，在經過幾次忍讓之後，就不應該繼續忍讓，可以適當的給對方一點顏色看看，並且透過正當的方式，勇敢的捍衛自己的權利。當然，這種「曉之以厲害」的方式和途徑，可以是各式各樣的，但是目的都是一樣的，就是讓對方瞭解自己真正的態度。

對方得寸進尺的時候，不可以再忍讓

有些人在侵犯別人的利益之後，由於對方採取忍讓的態度，進而使其得逞。但是，這種人在得逞之後，又發現新的目標和利益，進而刺激其利欲，以至於讓原本的行為變本加厲，變成另一種更加難以接受的行為。這個時候，做為當事人，不能繼續保持忍讓的態度，必須隨著事物的變化而考慮予以反擊和抵抗。

任何時候，都別低估人性

對付「把對方的忍讓當作是好欺負」的這種人，在經過幾次忍讓之後，就不應該繼續忍讓，可以適當的給對方一點顏色看看。

表面軟弱的人，別人會當做你好欺負

柿子挑軟的吃，你要做硬柿子？還是軟柿子？決定權在你的手上。

忍無可忍的情況，經常會出現在一些公共場合中。有些人以為別人不認識自己，而且以後也不會有相遇的機會，因此處於一種匿名者的狀態中。這樣的狀態，經常會讓人們擺脫過去所承擔的義務和責任，進而做出一些不道德的行為。

非常有意思的是，在這種公共場合中，有些人對於一些帶有攻擊性的行為，也會抱持著忍讓的態度。這樣一來，一方咄咄逼人，另一方息事寧人，很容易造成一種有利於某些人不斷的膨脹其侵犯心理的環境和條件。

但是，也正好是在這種情況下，因為有些人肆無忌憚的一意孤行，很容易把其他人逼到絕境中，以致於產生一種忍無可忍的心理。

成熟的人懂得：平時可以將自己的刀插入刀鞘，但是需要自衛的時候，就要毫不猶豫的拔出來。既然你已經躲不掉，還不如趁早解決。

不要成為別人的受氣包

人類的行為，很容易受到習慣的支配，只要屈服過一次，就會不斷的屈服。不失時機的表現自己的勇氣，其實，是不可忽略的處世之智，不要成為受氣包，如果自己生氣，就應該果斷的行動。俗話說：「柿子挑軟的吃。」在我們所處的環境中，到處都有這樣的受氣包，他們看起來軟弱可欺，最終也必然為人所欺。我們要知道保持勇氣的重要性，不要過份抬高別人，以致對其心懷敬畏。其實，為了保障自己的權利，每個人都應該有一點鋒芒，雖然不必像刺蝟一樣全副武裝，但是至少也要讓那些兇猛的動物們感到無從下口。

任何時候，都別低估人性

不要成為受氣包，如果自己受到欺負，該反擊的時候，就應該果斷的行動。因為，一個人表面上的軟弱，一定會助長別人侵犯你的慾望。

老實人也要加上一層保護膜來偽裝

為自己加上一層保護膜，才可以更好躲避人性叢林中的荊棘。

世事詭譎，人生無常，非人所盡能目睹。一個有心計的人，立身唯謹，避嫌疑，遠禍端，凡事預留退路，不思進，先思退。滿則自損，貴則自抑，所以可以善保其身。俗話說：「明槍易躲，暗箭難防。」只有隨時提防，才可以讓自己在人性叢林中，順利的生存下去。

人前少露真心思

人類是感情的動物，所以會有情緒的波動，這是人類和其他動物不同的地方。但是，有些人控制情緒的功夫一流，喜怒不形於色，有些人卻說哭就哭，說笑就笑，當然，說生氣就生氣！

哭笑隨意的情緒表現，到底是好是壞呢？有些人認為，這是一種率真的人格特質。這麼說，也不是沒有道理，因為將喜怒哀樂都表現在臉上的人，別人容易瞭解他們，也不會對他們有戒心。但是，喜怒哀樂表達失當，有時候卻會招來無端之禍。所以，一個已經進入社會的人，一定要學會為自己加上一層保護膜。

不要將喜怒哀樂掛在臉上

或許，你會認為人生有必要過的那麼累嗎？為什麼連最基本的喜怒哀樂都不能由自己作主呢？確實，如果連喜怒哀樂都不能自由的表達，這樣的人生也沒有多大的意義。但是，如果因為喜怒哀樂表達失當而招來無端之禍，這樣的人生就會更沒有意義。

因為在人性叢林中，人們為了自身的生存，往往會抓住對手的弱點來打擊對手。因此，如果你何時會快樂、何時會生氣的那一點點心思，都毫不掩飾地寫在自己的臉上，那麼別人就會根據你的「喜怒哀樂」來適時調整他想算計你的策略。

任何時候，都別低估人性

盡量不要將喜怒哀樂都表現在臉上，因為有些人會根據你的喜怒哀樂，調整和你相處的方式，並且順從你的喜怒哀樂，為自己謀取利益。

如果你不想被別人看透

你必須訓練自己對喜怒哀樂的控制，做到該喜則喜，不該喜則不喜。

把喜怒哀樂從情緒中抽離，就可以理性而冷靜的看待它，以免因為過於情緒化，進而被別人窺破弱點，給別人可乘之機。

不能把喜怒哀樂從情緒中抽離的人，之所以無法適應這個社會，有以下兩個原因。

第一，不能控制自己情緒的人，給別人的印象就是還沒有長大

只有小孩才會說哭就哭，說笑就笑，說生氣就生氣。如果這種行為發生在你的身上，別人就會對你的人格發展感到懷疑，就算不當你是神經病，至少也會認為你還沒有長大。

如果你已經三十歲，別人就會對你失去信心。因為，別人除了認為你還沒有長大以外，也會認為你沒有控制情緒的能力。這樣的人，一不高興就生氣，永遠無法成就大事。

第二，經常哭泣會被別人看不起，容易生氣則會傷害別人

其實，哭泣是一種心理壓力的抒解，但是人們卻經常認為哭泣就是軟弱。絕大多數的人，都可以忍住不哭，或是回家再哭，但是卻無法不生氣。

不要經常生氣

生氣有很多壞處，首先是會在無意中傷害到無辜者；其次，每個人看到你經常生氣，因為害怕無端挨罵，所以會和你保持距離；此外，如果你經常生氣，別人反而會越來越不會在乎，對你的形象也是不利的！所以，妥善的控制情緒，是一件非常重要的事情，如果你無法妥善的控制自己的情緒，就要在周遭的事情引動你的情緒的時候，趕快離開現場，讓自己的情緒穩定下來！但如果你可以妥善的控制自己的情緒，你就可以在別人的心目中，表現出一副沉穩的形象！

任何時候，都別低估人性

你不必喜怒不形於色，讓別人覺得你不可捉摸，但是情緒的表現，絕對不可以過度，尤其是哭泣和生氣。

該裝傻的時候就不要裝聰明

如果不想成為別人攻擊的目標，就試著「裝傻」吧！

在《三國演義》中，有一段「曹操煮酒論英雄」的故事。

有一天，曹操約劉備入府飲酒，突然之間，風雨變化，天外龍掛。曹操以天象為題，議起誰為當世英雄。劉備點遍袁術、袁紹、劉表、孫策、劉璋、張繡、張魯、韓遂，均被曹操一一貶低。曹操指出英雄的標準——「胸懷大志，腹有良謀，有包藏宇宙之機，吞吐天地之志。」劉備問：「誰人當之？」曹操指著劉備，又指著自己說，只有劉備與自己才是。劉備原本棲身許昌，被曹操點破是英雄之後，竟然嚇得把手中的匙箸掉落在地下，恰好當時大雨將至，雷聲大作。劉備從容俯拾匙箸，並且說「一震之威，乃至於此」，巧妙的掩飾自己的慌亂，進而避免一場殺身之劫。

劉備在曹操煮酒論英雄的對答中，無疑是機智而急智的。

在《史記》中，關於「孔子問禮於老子」的記載中，有這樣一句話：「良賈深藏若虛，君子盛德，容貌若愚。」

別告訴別人你的好東西在哪裡

在中國舊時的店鋪裡，店面上經常不會陳列貴重的貨物，店主總是把它們收藏起來，只有遇到有錢又識貨的人，才會告訴他們有好東西在裡面。如果隨便將貴重的貨物陳列在店面上，竊賊豈有不惦記的道理？不僅是商品，人們的才華也是如此。所以，當我們的才華可能受到外界忌妒，並且可能成為別人攻擊目標的時候，學劉備用裝傻來為自己加上一層保護膜，其實是一個最好的選擇。

做人賊一點，吃虧小一點

如果你想學習「賊的做人哲學」，劉備絕對是你可以學習的對象，因為，光是劉備利用打雷的雷聲，來讓曹操以為他是一個膽小無勇的人，就是「有夠賊」的經典。

別輕易相信別人對你的保證

不要讓你的腦袋，成為別人用完就丟的棋子。

三國時期的曹操，精通權術，詭計多端。他為了防止下屬對自己做出不利的行為，就告訴他周圍的侍從說：「在我睡覺的時候，你們不要靠近我，如果你們靠近我，我就會殺人。」

有一天，曹操假裝睡著，有一個侍從看見他的被子掉在地上，想要上前為他蓋好被子。沒有想到，曹操突然坐起來，揮劍把這個侍從殺死了，然後又躺下睡覺。曹操醒來之後，假裝不知道的問：「是誰把我的侍從殺了？」自從發生這件事以後，每逢曹操睡覺，再也沒有人敢靠近他。不久之後，曹操又說：「如果有人想害我，我的心裡就會有感覺。」聽到曹操這樣說，每個人都半信半疑。過了一段時間，曹操把自己最寵信的侍從叫到身邊，並且對他說：「你在懷裡藏一把刀，然後悄悄的來到我身邊，我會說心裡有感覺，如果對你用刑，只要你不把這件事的實情說出去，我保證對你不會有什麼損害，事成之後，我還會重重的賞賜你。」

有些保證並不能保證你一定不會有事

這個侍從信以為真，所以在被捕以後，一點也不害怕，最後被曹操下令處死。這個侍從在臨死之前，才知道自己上當，但是為時已晚。從此以後，每個人都以為曹操真的有「遇危心動」的本領，原本想謀害他的人，也就不敢動手了。

曹操藉由殺人來表示自己說話不假，是為了避免別人的刺殺，只是必須付出的代價太大了。但是，曹操確實得到自己想要的結果：可以將心思放在爭奪全國的霸權上。

任何時候，都別低估人性

在人際交往中，難免會遇到別人故意中傷自己的事情。只有像曹操一樣，事先用一些手段來防範這些事情的發生，才可以確保自己安然無恙。

為自己留下一條退路

話不要說破、路不要走絕，這樣你才能讓自己保有一線生機。

雍正的心腹大臣年羹堯是行伍出身，為人脾氣暴躁，稍有不適，即刻殺人。但是，他作戰勇猛，計謀多端，又是雍正跟前的愛將，所以沒有人敢和他作對。

年羹堯特別喜歡自己的小兒子，為他重金聘請一個德高望重的先生。年羹堯對這個先生特別關照，只要是這個先生想要的東西，他就會派人尋來，滿足這個先生的願望。如果有家僕和奴才怠慢這個先生，輕者加以責罵，重者直接就殺。受到這等禮遇，這個先生雖然很感激，但還是感到很惶恐。

一年之後，這個先生請辭回家，年羹堯不以為意，而是寫了一封信，讓小兒子帶著信，與這個先生一起離開。這個先生回到家一看，原本的低矮房屋，已經變成深宅大院，原來是年羹堯派人來修建的。這個時候，這個先生看到年羹堯寫的信，信中懇求他收留自己的兒子，囑咐自己的兒子從此陪在先生的身邊。於是，年羹堯的兒子就留在這個先生的家中，並且與年羹堯斷絕關係。幾年以後，年羹堯因為功高震主，被滿門抄斬。這個先生出於報恩，將年羹堯的兒子保護起來，年家血脈才得以保全。

做人做事都要為自己留「餘地」

年羹堯很聰明，已經預見到自己會被皇帝所忌，再加上自己嗜殺，得罪的人太多，稍有不慎，就會家破人亡。覆巢之下無完卵，所以年羹堯提早為自己的兒子留下一條安全的後路。

在日常生活中，我們不必隨時提防自己的安全，但是留下退路還是不可缺少。無論是做事還是做人，留有「餘地」的人，才會永遠保持不敗。

做人賊一點，吃虧小一點

做任何事情，事先為自己留下退路，永遠比那些只會「破釜沉舟」的人，要賊那麼一點點，因為懂得為自己留退路的人，不會笨到將自己的退路全部斷掉。

成熟的人懂得：平時可以將自己的刀插入刀鞘，但是需要自衛的時候，就要毫不猶豫的拔出來。
既然你已經躲不掉，還不如趁早解決。

第三輯：示弱，是一種經營人生的灰智慧

能吃虧、肯吃虧、多吃虧，才可以不吃虧。只有懂得順勢低頭、適時向對方示弱的人，才可以算是做人「賊一點」的終極手段。

放低姿態，讓領導者對你放心

有功不邀，甚至還要故意把自己看扁，才可以善始善終。

歷代帝國的開創者，最不放心的就是和他一起打江山的將領。但是，還是有一些聰明人，可以巧妙的躲過劫難。

唐肅宗上元二年（七六一年），郭子儀進封汾陽郡王，令人不解的是，汾陽王府總是門戶大開，任憑人們自由進出。於是，郭子儀的兒子們向他提出質疑。郭子儀笑著說：「你們根本不知道我的用意！雖然我已經位極人臣，但是誰可以保證沒有人會算計我們呢？如果我關閉門戶，和朝廷內外不相往來，只要與我結下仇怨的人，誣陷我懷有二心，我就會百口莫辯。現在我大開府門，不讓流言蜚語有滋生的餘地，就算別人想要詆毀我，也找不到任何藉口。」

郭子儀知道自己功高震主，所以用這種方式向皇帝表示忠心。明朝功臣徐達也明白處世之道，並且讓自己低調保身。

做人低調，才能永保安康

徐達年幼的時候，曾經與朱元璋一起放牛，在其戎馬一生中，用兵如神，為明朝的創建，立下赫赫戰功，深得朱元璋器重。徐達深諳為人處世之道，無論自己力下多大的戰功，還是視自己如平常人一樣。朱元璋為了獎勵徐達，想將自己的舊邸賜給徐達，但是徐達一直不肯接受。無奈之下，朱元璋只好請徐達到自己的舊邸飲酒，並且將徐達灌醉，然後將徐達抬到床上睡下。徐達半夜酒醒，知道自己睡的是什麼地方之後，就連忙跳下床，並且趴在地上，自呼死罪。

朱元璋看到徐達如此謙恭，就命令工人在自己的舊邸前，重新修建一所宅第，在門前立一個牌坊，並且親書「大功」二字。

郭子儀和徐達都明白功高震主的道理，所以他們以超低姿態去為人處世，進而才能保全自己的身家性命。

做人賊一點，吃虧小一點

無論在官場還是在商場，「低調做人」是一種看似平淡，但實際上卻是做人「賊一點」的高深謀略。

身段柔軟的人最有心計

不惜向自己敵人下跪來換取打敗敵人的時間和空間。

只有經得起考驗的人，才可以算是真正的強者。自古以來的偉人，都是抱著不屈不撓的精神，從逆境中奮鬥過來的。

在中世紀的歐洲，羅馬教皇是基督教會的領袖。那個時候，只有羅馬教皇可以統一指揮各個地區的教會，這就使得羅馬教廷成為凌駕於各國國王和皇帝之上的政治實體。

一〇七六年，羅馬帝國皇帝亨利與教皇格里高利，鬥爭日益激烈，由於，亨利想擺脫羅馬教廷的控制，於是，召集德國境內各個教區的主教們，宣佈廢除格里高利的教皇職位。格里高利則在羅馬召開全基督教會的會議，宣佈將亨利驅逐出教，一時之間，德國內外反亨利力量聲勢震天，特別是德國境內的各個封建主都起兵造反。

向敵人跪地求饒

面對危局，亨利被迫妥協。一〇七七年一月，亨利只帶著兩個隨從，千里迢迢前往羅馬，向教皇認罪懺悔。但是，格里高利故意不予理睬，躲到遠離羅馬的卡諾莎行宮。亨利沒有辦法，只好又前往卡諾莎行宮，教皇卻緊閉城堡大門，不讓亨利進來。為了保住皇帝寶座，亨利只好跪在城門前面求饒。當時大雪紛飛，亨利一直在雪地上跪了三天三夜，教皇才開門相迎，並且饒恕亨利。亨利返回德國之後，開始集中精力整治內部，不僅派兵把各個封建主打敗，並且剝奪他們的爵位和封地。在陣腳穩固後，亨利立刻進攻羅馬，以報跪求之辱。在亨利的強兵面前，格里高利棄城逃跑，最後客死他鄉。

很顯然，亨利的「卡諾莎之行」是別有用心的。他在王位不保的情況下，可以不惜受辱，以便重整旗鼓，最後，他終於取得自己的勝利。

任何時候，都別低估人性

如果向敵人下跪，可以挽回自己的頹勢，那麼你就必須拋掉尊嚴，義無反顧地下跪。

為了面對殘酷的現實，我們必須不斷的妥協

身處逆境的妥協，其實是為了讓自己有更好的生存。

吳越之戰，吳王夫差打敗越國，越王勾踐投降吳國。夫差想要羞辱勾踐，他在先父闔閭的墳墓旁邊，建了一個簡陋的石頭房子，將勾踐夫婦軟禁其中，他們整日蓬頭垢面，劈柴挑水，儼然奴隸一般。

有一次，夫差要出遊，就命令勾踐為他牽馬。勾踐手執馬鞭，站在一旁服侍夫差。夫差要上馬，勾踐立刻蹲下身子，讓夫差踩著自己上馬。吳國的百姓看見之後，都對勾踐指指點點：「這個人原來是越國的君王，現在竟然淪落為奴僕！」

有一次，夫差腹瀉不止，勾踐懇求夫差，讓自己探問病情。夫差正在腹瀉，就命令勾踐暫時迴避。勾踐連忙說：「賤臣過去曾經從師學醫，瞭解一些醫療上的知識，如果讓我觀察您的糞便，我就可以判斷你的病情。」

夫差從廁所出來之後，侍從就將便桶抬出來，一股惡臭撲鼻而來。勾踐走到便桶旁邊，伸手取

了一塊大便，然後把大便放入口中，之後卻面露喜色，高興的對夫差說：「賤臣拜賀大王，大王即將痊癒，不必擔憂！」

夫差好奇的問：「你怎麼知道？」

勾踐回答：「賤臣曾經聽醫生說：糞者，穀味也，順時氣則生，逆時氣則死。賤臣剛才嘗過大王的糞便，味酸而稍苦，可見沒什麼大礙，只要稍加調養就可以痊癒了。」

夫差感嘆的說：「勾踐今日如此對我，是我的大臣和兒子都做不到的啊！」感動之餘，夫差決定釋放勾踐夫婦回國。

勾踐回國之後，臥薪嘗膽，發憤圖強，終於打敗吳國，報了侮辱之仇。

在自己境況不佳的時候，不妨學習勾踐的精神，因為，一個人如果連屈辱都可以打敗，那麼距離成功還會遙遠嗎？

做人賊一點，吃虧小一點

為了讓敵人放鬆對自己的警惕，勾踐可說是「做人賊一點」的祖師爺，因為，勾踐不惜親自舔嘗夫差糞便的行徑，可說是「賊」到極致。

示弱，是一種經營人生的灰智慧

示弱需要智慧，更需要「不要臉」的勇氣。

人心都是肉做的，沒有人是鐵石心腸。在關鍵時刻，一定要學會不失時機的流下眼淚。這樣一來，就會很容易的調動起對方的同情心，進而讓彼此之間產生強烈的共鳴。這種「遍灑淚彈」之術，是所有成就大業者最善於使用的。所以，我們可以把流眼淚稱為一種做人的精明和智慧。與別人交談時候，以眼淚來賺取憐惜的說話技巧，就會給對方一種慰藉和體貼，它不僅可以讓對方放棄攻擊，也可以讓對方還會由於愧疚給予你補償和幫助。俗話說：「人非草木，孰能無情？」利用自己的眼淚，就可以讓對方為之感動，即使對方是鐵石心腸，也會放棄對你的攻擊。

與敵人相處，用眼淚來示弱是一種策略。示弱就是一種揚人之長、揭己所短的語言技巧，其目的是讓爭鬥的重心，不偏不倚，或是讓對方獲得一種心理上的滿足，進而達到目的。

哭也要哭對時候

所謂大巧若拙，只為迷惑對手，讓對手麻痺，然後選擇時機，出奇制勝。但是，哭也要哭得對，否則將會適得其反。

南唐後主李煜就是一個糊塗蛋，自己已經淪為階下囚，卻不知道應該小心翼翼，非要終日哭哭啼啼，懷念以前的美好時光，當然是自尋死路。

示弱，是一種經營人生的智慧，卻經常被人們當作一種劣質的品行。一般而言，向別人示威，每個人都做得到，但是向別人示弱，卻不是每個人都做得到。因為，示弱需要智慧，也需要勇氣。因此，為了自己的生存與發展，你必須適當的「示弱」。

做人賊一點，吃虧小一點

能吃虧、肯吃虧、多吃虧，才可以不吃虧。敢於碰硬，不失為一種壯舉。但是，如果拿著雞蛋與石頭鬥狠，只能算是無謂的犧牲。只有懂得順勢低頭、適時向對方示弱的人，才可以算是做人「賊一點」的終極手段。

當我們處於劣勢的時候，要學會忍耐

講白一點，就是當我們處於不利的時候，在該裝孬的時候，就一定要裝孬。

俗話說：「小不忍則亂大謀。」可以成就大事的人，經常都是善於忍耐的人。清朝的康熙皇帝玄燁，也是一個善於忍耐的人。

順治死後，接班人為玄燁（時年八歲）。順治在死前，為玄燁指定四個顧命大臣中，鰲拜最為霸道專權，根本沒有把康熙這個小皇帝放在眼裡，而這也讓康熙想辦法想除掉鰲拜。

於是，康熙把一些滿洲八旗的子弟召來宮中練習武藝，作為自己的親信侍衛。

鰲拜大權獨攬，謹防有實力的大臣接近康熙，並且不斷的觀察康熙的一舉一動。

有一次早朝，鰲拜稱病，康熙就到鰲拜府中探聽虛實，發現鰲拜在臥室草蓆下藏有利刃，但是他卻裝出一副什麼都不懂的樣子，說道：「滿洲勇士，身不離刀，乃是本色。」鰲拜聽了之後，覺得康熙是一個糊塗蛋，於是，更加肆無忌憚的為所欲為。

康熙回宮之後，就向那些八旗子弟說：「清朝已經處於危急關頭，你們要聽我的話，還是要聽鰲拜的話？」八旗子弟義憤填膺的說：「我們聽皇上的話！」

有一天，康熙召鰲拜進宮，鰲拜不知是計，就大搖大擺的來見康熙。康熙命令那些八旗子弟玩摔跤給鰲拜看，玩著玩著，突然將鰲拜掀翻在地，且拼命的捉住鰲拜。正在緊急關頭，康熙拿出藏在袖中的匕首，一刀刺進鰲拜的胸中，八旗子弟一擁而上，立刻將鰲拜擒住。

康熙巧妙的剷除鰲拜，不愧是歷史上一個有作為的皇帝。因為，如果康熙一開始就與鰲拜針鋒相對，很有可能就會丟掉自己的性命。

在日常生活中，當我們處於劣勢的時候，也要學會忍耐，默默的累積能量，等待成功的到來。

做人賊一點，吃虧小一點

當我們處於劣勢的時候，不妨在敵人面前裝成「俗仔」，放鬆敵人對自己的戒心，以爭取自己在暗中壯大的時間，這是做人「賊一點」必備的心計。

從低處開始起步，並不是糊塗

從低處起步，不代表自己低人一等，反而是擁有別人沒有的高度。

低調做人，就是要在為人處世中，擺正自己的位置。像水一樣，低調一點，謙虛一點，甘於與別人平起平坐。身處低地，不僅不代表自己低人一等，反而可以讓自己學會從低處起步。

你可能是一個大權在握的政府官員，也可能是一個叱吒風雲的統兵將領，但你還是要與許多人共同相處。我們能否融入其中，就在於處世格調和為人姿態的高下。

縱觀歷史，成大事者手段各異，但是共同點都是：不拘小節，禮賢下士。

魏國的信陵君，是戰國四公子之一，信陵君是魏昭王的兒子，魏安釐王同父異母的弟弟，其以禮賢下士的謙遜作風聞名於世。

侯嬴因為家貧，只好做大梁（魏國都城）夷門的守門小吏。信陵君聽說此人之後，派人前往拜訪，並且饋贈一份厚禮，但是侯嬴不肯接受。

於是，信陵君設下筵席，宴請賓客。等到賓客來齊之後，信陵君帶著車馬和隨從，親自去迎接侯嬴。

侯嬴為了考驗信陵君，就直接坐上信陵君為自己留下的座位，並且讓信陵君載自己去拜訪朱亥。信陵君立刻駕車來到街市，侯嬴下車前去會見朱亥，信陵君則手執馬轀在一旁等待。這個時候，信陵君的賓客們正在等信陵君回來開宴。信陵君的隨從們都在暗罵侯嬴，但是信陵君卻依然面色和悅，一直等到侯嬴與朱亥聊完，才載著侯嬴回去赴宴。

為了結交侯嬴，信陵君可以不顧自己的身份，親自前往邀請侯嬴。正是如此，信陵君才可以得到像侯嬴和朱亥這樣的人才。

任何時候，都別低估人性

從低處起步，並不是糊塗。從低處起步，才可以在面對困境的時候，還是保持平和的心態，為成功打下堅實的基礎。

鋒芒太露，容易遭到嫉恨，更容易樹立敵人

適時的裝傻，可以讓自己避掉一些無謂的麻煩。

明朝建立之初，朱元璋為了保住自己的江山，開始嚴厲地打擊朝廷和地方官員的舞弊行為，為了免遭殺戮，有一些官員只好裝瘋賣傻，以逃避懲治。

有一次，袁凱惹怒朱元璋，害怕自己被殺頭，就假裝瘋癲。袁凱用鐵鏈鎖住自己的脖子，並且滿嘴瘋話。朱元璋還是不相信，就派使者前去探察。袁凱瞪著眼，對著使者胡言亂語，並且趴在籬笆旁邊，吃了一堆狗屎。

朱元璋聽了使者的回報，總算不追究袁凱的過錯。實際上，朱元璋上了袁凱的當。原來，袁凱知道朱元璋不相信自己瘋了，一定會派使者來查證，就預先用炒麵拌糖稀，捏作狗屎狀，撒在籬笆下，等到使者一到，自己立刻吃下狗屎，這才救了自己的性命，袁凱的這招詐吃狗屎，真的是有夠賊。

裝瘋賣傻，可以達到避危和保身的目的

孫臏遭到龐涓暗算之後，就決定佯狂詐瘋，以卸下龐涓的警惕之心，然後再圖逃脫之計。有一天，龐涓派人送晚餐給孫臏吃，孫臏準備拿筷子的時候，突然睜大眼睛，然後亂叫不止。龐涓接到報告之後，為了查證孫臏狂瘋的真假，就命令左右將孫臏拖到豬圈中，孫臏披頭散髮，順勢倒臥在豬糞裡。此後，雖然龐涓半信半疑，但是對孫臏的看管卻比以前鬆懈了。過了一些日子，龐涓終於相信孫臏真的瘋了，才讓孫臏可以順利的逃出魏國。

孫臏逃出魏國以後，發憤圖強，終於指揮齊國軍隊在與魏國軍隊的戰鬥中，用計謀打敗魏國軍隊，並且用利箭射死龐涓，為自己報仇雪恨。

做人賊一點，吃虧小一點

適時的裝傻，既可以有效的保護自我，又可以從容的觀察形勢，是學習做人就要賊一點，必須做的功課。

你要想辦法把自己的聰明隱藏起來

將聰明藏起來，不僅可以減少競爭對手，還可以避免與別人發生不必要的爭鬥。

根據心理學家分析，當我們表現得比別人更好的時候，別人就會感到自卑和壓抑。相反地，如果我們可以謙虛一點，讓別人感覺到自己比較重要，別人就不會嫉妒我們。

古希臘著名哲學家蘇格拉底總是不斷的告訴自己的門徒：「你只需知道一件事，那就是一無所知。」因為，當我們知道別人不知道的事情，就會產生一種優越感。對於這種旁人不及的優點，我們必須隱藏起來，以免為自己招來災禍。

齊國有一個叫做隰斯彌的官員，住宅正好和田常的官邸相鄰。田常深具野心，後來欺君叛國，挾持君王，自任宰相，執掌大權。雖然隰斯彌懷疑田常居心叵測，但還是依然保持常態，絲毫不露聲色。有一天，隰斯彌去拜訪田常，田常依照禮節接待隰斯彌，並且帶隰斯彌到邸中的高樓上。隰斯彌站在高樓上，東、西、北三面的景致都可以一覽無遺，唯獨南面的景致被自己庭院中的一棵大樹所阻礙，隰斯彌立刻明白田常帶自己上高樓的用意。

別看透別人的秘密

隰斯彌回到家中，立刻叫工人砍掉那一棵大樹。但當工人開始砍伐大樹的時候，隰斯彌突然命令工人立刻停止砍樹。家人感覺奇怪，於是請問究竟。

隰斯彌回答：「可以看透別人的秘密，並不是一件好事。現在田常正在圖謀大事，害怕別人看穿他的意圖，如果我按照田常的暗示，砍掉那一棵大樹，只會讓田常覺得我非常聰明，如果我不砍掉那一棵大樹，田常只會嫌我不能善解人意，但還不至於招來殺身之禍。」

所以，最後隰斯彌還是選擇裝糊塗，以求保全性命。

做人賊一點，吃虧小一點

無論你採取什麼方式去指出別人的錯誤，都可能為自己帶來嚴重的後果。因為，你否定的不是一件事，而是別人的能力和智慧，這是做人賊一點必備的「灰智慧」。

不要與你的上司搶風頭

你可以展示自己的才華，但是絕對不能威脅到領導者的地位。

把光環送給上司的下屬，是最聰明，也是最「賊」的下屬。當你充份的表現自己的時候，一定會引起別人的怨恨和嫉妒。雖然你不必擔心別人的感受，但是對於你的上司，你必須採取不同的應對方式。

十六世紀初期，義大利的天文學家伽利略的處境非常的危險。他必須依賴統治者的贊助來支持自己的研究，因此，他經常把自己的研究成果送給當時最重要的贊助者。

例如：他將自己發明的羅盤獻給貢札加公爵，然後他將解釋羅盤用法的著作獻給麥迪西家族。但是，還有一個問題是：無論他的發現多麼的偉大，他的贊助人都是送他禮物，而不是給他現金，如此一來，他的生活就不能安定。

一六一〇年，當他發現木星的衛星的時候，就開始採取新的策略。他並沒有像從前一樣，將自己的研究成果送給不同的贊助人，而是決定全部獻給麥迪西家族，並且以他們的名字來命名這一顆衛星。

如此一來，麥迪西家族給他大量的金錢，以供應他的生活和研究，並且讓他脫離貧窮的生活。

不要以為自己的地位理所當然

其實，貴族並不關心科學或真理，而是在意名聲與榮耀。伽利略將他們的名字聯結上宇宙的力量，比起以往讓他們成為贊助人而言，這個榮耀實在無可比擬。

伽利略不僅沒有以自己的發現來挑戰貴族的權威，反而將他們比擬為行星，使得整個家族在義大利的王室之間，變得璀璨奪目，伽利略的這種舉措，已經不是「賊一點」可以形容。

在任何時候，都不要以為自己的地位是理所當然的，因為，你的「地位」往往需要有錢人的錢來幫你建立的，上述伽利略的故事，就是最佳佐證。

任何時候，都別低估人性

最好的部屬，就是可以讓領導者覺得你很聰明，只有做到這一步，你才能成為職場上讓上司愛不釋手的部屬。

與敵人相處，用眼淚來示弱是一種策略。示弱就是一種揚人之長、揭己所短的語言技巧，其目的是讓爭鬥的重心，不偏不倚，或是讓對方獲得一種心理上的滿足，進而達到目的

第四輯：想生存，就要懂得如何「裝死」

很多時候，「詐死」或「裝敗」，並不一定只為了打敗對方，而是為了避免跟對方直接發生衝突，因此，「詐死」或「裝敗」並不是弱者的專利，有時候，賊一點的強者也會使出「詐死」或「裝敗」來打敗敵人。

你要懂得偽裝自己

聰明不可用盡，露拙別被看穿，你要練習把自己的聰明藏起來。

如果在事業上務求圓滿，即使不會因此發生內亂，也一定會因此招致外患。必要的時候，我們可以把聰明藏起來。適當的「不老實」，不僅可以讓事情順利運轉，也可以在生活中充滿笑聲。

學好偽裝自己的功夫，日子才會好過

什麼人最聰明？絕對不是把「精明」寫在臉上的人。相反地，你應該更注意一下身邊那些看起來非常平凡的人。很多時候，平凡只是一種讓別人無法看破的偽裝，才可以顯現出自己的高明之處。不要急於表態，才可以讓人們揣測不已，即使你必須說出真相，也不要和盤托出。正是這些偽裝，可以讓別人忽略你的力量，因而不會與你為敵，讓你可以少了一些麻煩。

其實，最聰明的人，雖然有才華和學識，但是從來不會自作聰明。這種人懂得藏巧，不會讓別人看破自己。

如何收好自己的「尾巴」

假裝糊塗，讓別人忽略你的存在，然後在必要的時候，不動聲色的先發制人。這是兵家的計謀，也是處世的方略。試想，如果每件事都在別人的預料中，做人還有什麼意思？就像是高手過招，你想要出什麼招式，對方都瞭若指掌，你還有獲勝的機會嗎？

讓別人「看不破」，說起來容易，做起來卻非常困難。「看不破」的關鍵，在於「藏巧」。因為，再狡猾的狐狸，也有露出尾巴的時候。因此，如何收好自己的「尾巴」，就顯得尤為重要。

任何時候，都別低估人性

如果你想要讓別人無法「看破」自己，除了要懂得裝糊塗，另外，就是應該隨時檢查自己的「破綻」。

不要當鋒芒過於畢露的出頭鳥

一個有心計的人，知道什麼時候應該把自己「抹黑」。

西元前二〇六年，漢高祖劉邦當上皇帝，謀臣蕭何也當上相國。五年之後，劉邦遷都咸陽（今西安），蕭何因為營池造殿有功，又被封邑晉爵。

蕭何接到晉爵詔書之後，在相府大擺酒宴，以示慶賀。就在這個時候，東陵侯召平，身著縞素，腳穿白鞋，哭天搶地，進來弔喪。

蕭何大怒，命令左右將他推出去打板五十，召平看到蕭何似乎還搞不清楚狀況，於是直截了當的說：「皇上御駕親征，南伐北討，親冒矢石，歷盡千辛萬險。您卻安居關中，不去打仗，反而得到加封，我猜想皇上對您有疑慮。如果您像今天這樣，沒有遠慮，必有近憂，難道您忘了淮陰侯韓信的下場嗎？」

聽了召平這番話，蕭何如夢初醒，嚇出一身冷汗，因為，淮陰侯韓信如何因功高震主，得罪漢高祖，因而被呂后設計殺害的下場，他蕭何比誰都清楚。想到這裡，韓信被殺的慘景，又浮現在眼前，蕭何預感到大難即將臨頭。從此，蕭何唯皇命是遵，不敢出半點差錯，並且日顯老態，以此來消除高祖的疑慮與戒心。

自己抹黑自己

同時，蕭何為了毀譽以自保，做了一些侵奪民間財物的事情，讓自己的威信日益下降。有一次，漢高祖在回京途中，看到百姓跪在地上，上書控告蕭何強買民田。

漢高祖暗中高興，只命令蕭何向百姓認錯，歸還田地或補償田價，蕭何以侵奪民間財物，招來一個壞名聲，終於保住全家人的性命。蕭何自己抹黑自己的做法，無疑也是最具智慧的。

其實，「槍打出頭鳥」這句話的道理，每一個人都知道，但是真正能夠做到不讓自己鋒芒畢露的人，卻沒有幾個，殊不見，就連一代良相蕭何也都還要東陵侯召平的冒死提醒，才驚覺過於「高調」的自己，即將大難臨頭。

任何時候，都別低估人性

其實，所有上司最擔心的並不是部屬表現不好，而是自己手上沒有部屬的把柄，因此，適時地在上司面前把自己「抹黑」，上司為對你更放心喔！

想生存，就要懂得如何「裝死」

為了生存下去，在敵人面前「詐死」與「裝敗」也是必要的。

有一些昆蟲，當你用手碰它的時候，它就會停止不動，任憑你怎麼撥弄它，它就是一副死樣子。但是，過了一段時間之後，它就會立刻逃跑！這就是「詐死」！

還有一種鳥，在牠孵卵的時期，如果有敵人入侵，牠會先假裝與敵人搏鬥，折騰幾個回合之後，就會假裝受傷，跌跌撞撞的「敗走」。敵人就會信以為真，全力去追逐這隻「敗鳥」。等到敵人遠離鳥巢之後，這隻「敗鳥」就會立刻快速飛走，於是可以保全自己的後代。這就是「裝敗」！

詐死裝敗求生存

不僅是動物，人類對於「詐死」與「裝敗」的運用，也非常的高明。尤其是兩軍對峙的時候，實力比較弱的一方，有時候會「詐死」或「裝敗」，以尋求生機；實力比較強的一方，有時候也會為了盡快打敗對方，進而採用「詐死」或「裝敗」的策略。

「詐死」和「裝敗」，經常可以為你帶來以下的好處：

一、混淆對方的判斷，製造對方的負擔，並且使其做出錯誤的判斷。

二、延遲對方的時間，因為對方對於你的動作，勢必要有分析和判斷的過程。這個過程，就是你喘息的時間。

三、助長對方的傲氣，使其放鬆警戒，你則可以趁此尋找求生的契機。

然而，很多時候，「詐死」或「裝敗」，並不一定只為了打敗對方，而是為了避免跟對方直接發生衝突，或是想要為自己爭取較多的時間或空間的一種權宜之計，因此，千萬別以為「詐死」或「裝敗」只有打不贏對方的人，才會使用喔！

做人賊一點，吃虧小一點

「詐死」或「裝敗」並不是弱者的專利，有時候，賊一點的強者也會使出「詐死」或「裝敗」來打敗敵人。

「詐死」或「裝敗」，可以降低對方的戒心

實力比較強的一方，經常會為了面子，不屑採用「詐死」或「裝敗」的策略。

「詐死」和「裝敗」也可以誘使對方解除對你的壓力，因為對方也希望趕快卸下心中的重擔。你的詐死和裝敗，正好可以製造他們心理上的藉口。

這一招不僅適合弱者，實力比較強的一方，如果採用「詐死」或「裝敗」，則可以降低對方的戒心，甚至讓對方誤以為有機可趁，進而做出飛蛾撲火的動作。但是，實力比較強的一方，經常會為了面子，不屑採用這種策略。

在人性叢林中，人性的戰爭每天在上演，有時候你是強者，但是在某一些狀況下，你卻是弱者。當你是弱者的時候，苦鬥無益，只是徒費心神。因此，與其苦鬥，不如智鬥，以保持你的存在，並且以詐死和裝敗來尋求生機。

想要「裝敗」，就必須要製造一些「敗相」

想要詐死和裝敗並不困難，困難之處，在於讓對方相信。如果不能做到讓對方相信，至少也要做到讓對方懷疑，只要對方一懷疑，就不敢立刻對你有所動作。因此，想要「裝得像」和「詐得真」，就必須要有一些「敗相」，以做為讓對方相信你的根據，例如：裝敗的軍隊，總會在撤退的道路上，留下大批的武器。

因此，如果你想要採用詐死和裝敗的策略，一下子就偃旗息鼓是不適當的。這樣一來，並不能鬆懈對方的戒心，因為對方會認為你還在備戰，有時候反而會攻得更猛烈！

或許你會說，詐死裝敗，非勇者所為也，但問題是，如果真的像楚霸王一樣，兵敗垓下，烏江自刎，就算被後人稱讚為勇者，又有什麼意義呢？

任何時候，都別低估人性

想要詐死和裝敗的困難之處，就是在於讓對方相信。但如果不能做到讓對方相信，至少也要做到讓對方懷疑，只要對方一懷疑，就不敢立刻對你有所動作。

先放下心中死也不肯放下的東西

如果你放不下已經到手的名利，就會綁手綁腳，作繭自縛。

自古世事多變化，學會淡化利欲，會讓我們的精神和心理變得更輕鬆。

有一個大學教授，特地向日本著名禪師南隱問禪。南隱以禮相待，卻不說禪。他將茶水注入這個來客的杯子中，杯子已滿，但是他還在繼續注入。

這個教授看著茶水不斷的溢出杯外，終於不能保持沉默，於是大聲說道：「已經滿出來了，不能再倒了！」「你就像這個杯子，」南隱回答，「裡面裝滿自己的看法，你不先把自己的杯子倒空，讓我如何對你說禪。」

有時候，如果我們只抓住自己的東西，就很難接受別人的東西。特別是現代社會，人們變得越來越貪婪，當退不退，結果卻再也進不得。然而，進退有道，是一種深遠的謀略，是一種寬柔的智慧。

不肯放下已經到手的東西

在印度的熱帶叢林中，人們用一種奇特的方式來捕捉猴子：在一個固定的木盒中，裝上猴子愛吃的堅果，盒上開一個小口，剛好可以讓猴子把前爪伸進去。如果猴子抓住堅果，爪子就抽不出來。人們經常用這種方式來捕捉猴子，因為猴子有一種習性：不肯放下已經到手的東西。

想想我們自己，或許你會發現：其實，我們也會犯下同樣的錯誤。因為放不下到手的名利，有些人整天東奔西跑，即使荒廢自己的工作，也在所不惜；因為放不下誘人的錢財，有些人整天費盡心機，利用各種機會想要賺大錢，結果卻是作繭自縛……。

任何時候，都別低估人性

生命如舟，無法承載太多的物欲和虛榮，想要使其在抵達理想的彼岸之前，不在中途擱淺或沉沒，就只能果斷的拋棄那些可以拋棄的東西。

做出正確的取捨，才可以把握自己的命運

很多時候，只有先後退幾步，才可以向前跳得更遠。

雖然人生奮鬥的目的是獲得，但是有一些東西卻是不得不放棄的，例如：過多的功名、利祿、美色……。學會放棄，就可以在深秋的時候，感受到春天的柔情、夏天的熱情、冬天的真情。但是，放棄不是悲觀的退卻，而是明智的選擇。古人云：「魚與熊掌，不可兼得。」如果不是我們應該擁有的東西，我們就要學會放棄。幾十年的人生旅途，有所得就會有所失，只有我們學會放棄，我們才會活得更充實而坦然。

只要學會放棄，就能活得灑脫一些

在歐洲，有一首流傳廣泛的民謠：為了得到一根鐵釘，我們失去一塊馬蹄鐵；為了得到一塊馬蹄鐵，我們失去一匹駿馬；為了得到一匹駿馬，我們失去一個騎手；為了得到一個騎手，我們輸掉一場戰爭。為了一根鐵釘而輸掉一場戰爭，這正是不懂得進退的後果。

不好的境遇，有時候會不期而至，讓我們猝不及防。這個時候，我們更要學會放棄：放棄急躁的心理，安然的等待生活的轉機。

楊絳在《幹校六記》中所記述的，就是面對人生際遇所保持的一種適度的心態。即使我們無法達到這種境界，我們也要在學會放棄中，活得更灑脫一些。

一個人對於進退的決定，將會影響其一生的成就。一個人想要學會選擇和放棄，關鍵是要做到：不能患得患失，要善於分辨眼前利益和長遠利益，可以果斷的棄車保帥。做出正確的取捨，才可以把握自己的命運。

任何時候，都別低估人性

聰明反被聰明誤，這句話說得很好。但是，反被聰明誤的人，一定不是真的聰明，充其量只是大愚若智，因為，他們不知道適可而止的重要性，結果自然是身陷險境而不自知。

不要把自己想得太偉大

低調，是一個人必備的生存智慧。

「滿盈者，不損何為？慎之！慎之！」這句話連續用兩個「慎之」來警醒世人，隨時保持謙虛和低調的態度。因為，只有懂得謙虛和低調的人，才可以立於不敗之地。所以，當我們擁有一些能耐的時候，還是要記住「低調」這兩個字。

自大的人，總是把自己看得很重要，但是事實上，如果沒有他們，事情還是可以做得一樣好。自大的人，經常會有一些特長，讓他們目空一切，不知道「人外有人，天外有天」。

「人生自古誰無死，留取丹心照汗青」這是文人的氣節和傲骨，但是，氣節若是講求不當，就會流於傲慢而無法察覺。傲慢者依仗自身才能，讓自己的驕氣溢於言表，所以經常招致禍害。

反思自己能否接受令人難堪的評價

東漢名士禰衡，雖然有才學，但是狂傲不羈，初次看到曹操，就將曹操的手下荀彧、荀攸、程昱、郭嘉、張遼、許褚全部貶損一番，當時張遼氣得抽劍要殺禰衡，幸好被曹操制止。

禰衡到荊州見到劉表之後，還是積習難改，表面上頌揚劉表的功德，但是實際上盡是譏諷。劉表非常不高興，但是也不想背負殺害賢人的罪名，所以就叫禰衡去見黃祖。禰衡來到黃祖住處，竟然把黃祖當作是土木製作的偶像！黃祖一氣之下，殺了禰衡。

禰衡是一個名士，卻不是一個聰明人，他不懂得低調的智慧，大肆的批評別人，當然會給自己招來殺身之禍。

恃才傲物，會讓一個人看不到自身的缺點，它就像籠罩在身上的一團臭氣，趕走一切可能的機會。

任何時候，都別低估人性

「虛懷若谷」的意思是說，胸懷要像山谷一樣寬闊。當你事業有成的時候，就算裝也要裝出樣子，千萬不能狂妄自大。凡事低調一些，未來的道路才不會越走越窄。

原諒那些曾經傷害過你的人

有機會報仇，你要懂得斷然放棄，而且還要幫助自己的仇人脫離危險。

在日常生活中，我們難免會遇到一些令人傷心的事情。對於那些傷害我們的人，我們會恨他們，甚至想報復他們。但那不是一個心胸寬廣的人，所應該做出的舉動。

一個真正高尚的人，不會睚眥必報

從前有一個富翁，他有三個兒子。在他年事已高的時候，他決定把自己的財產留給其中一個兒子。富翁想出一個辦法：他要三個兒子花一年的時間去環遊世界，回來之後，看誰做到的事情真正高尚，誰就是財產的繼承者。

一年的時間過去了，三個兒子陸續回到家中，富翁要三個兒子講述自己的經歷。

大兒子得意的說：「我在環遊世界的時候，遇到一個陌生人，他非常信任我，把一袋黃金交給我保管，但是那個人卻意外去世了，我就把那一袋黃金，原封不動的交給他的家人。」

二兒子自信的說：「當我到一個貧窮村落的時候，看到一個可憐的小乞丐，不小心掉到湖裡。我立刻跳下去，從湖裡把他救起來，並且留給他一筆錢。」

三兒子猶豫的說：「我在外面的這段時間，曾經遇到一個人，他想得到我的錢袋，一路上千方百計的害我，我差一點死在他的手上。有一天，我經過懸崖旁邊，看到那個人正在懸崖旁邊睡覺。當時，我只要抬起腳來，就可以輕鬆的把他踢到懸崖下。但我想了想，覺得不能這麼做，而且我又擔心他會掉下懸崖，於是我就叫醒他，然後繼續趕路。」

富翁聽完之後：「誠實不欺和見義勇為，都是一個人應該有的品格，有機會報仇卻斷然放棄，並且幫助自己的仇人脫離危險，才是最高尚的品格，我的全部財產，都是老三的。」

一個真正高尚的人，不會睚眥必報，更難能可貴的是，還可以原諒那些曾經傷害過你的人。

任何時候，都別低估人性

沒有人可以在第一時間可以容得下朋友對你的背叛和敵人對你的陷害，除非他的「容忍」的背後是有目的。

以恨對恨，恨永遠存在

以愛對恨，恨不僅會自然消失，而且還能體會到寬容所帶來的快樂。

生活總是會改變我們的態度，但是善良的人即使受到傷害，還是會繼續保持善良。原諒那些曾經傷害過我們的人，至少他們讓我們學會寬容，體會到寬容所帶來的和諧和快樂。

卡爾是一個賣磚塊的商人，由於另一個對手的惡性競爭，讓自己的生活陷入困境中。

某一個星期天的早晨，卡爾聽了一個牧師的講道，主題是：要施恩給那些故意跟你為難的人。卡爾告訴牧師，就在上個星期五，他的競爭者讓他失去一份訂單。但是，牧師卻要卡爾以德報怨，而且舉了很多例子來證明自己的理論。當天下午，卡爾發現一個住在維吉尼亞州的客戶，正在為一批磚塊而煩惱。但是，他所需要的磚塊，卻不是卡爾的公司所可以供應的型號，卻與卡爾的競爭者所出售的產品很相似。卡爾感到非常為難，如果遵從牧師的忠告，他就應該告訴對手這一筆生意，並且祝他好運。但是，如果按照自己的本意，他卻希望對手永遠得不到這一筆生意。卡爾掙扎了一段時間，拿起電話，撥到那個對手的家裡，並且，很有禮貌的告訴他，關於那一筆生意的消息。當時，那個對手完全說不出話來，但很明顯的是，他很感激卡爾的幫忙。事情的發展，讓卡爾深感意外。那個對手不僅立刻停止散佈有關卡爾的謠言，甚至還把自己無法處理的生意轉給卡爾做。

真的可以以德報怨

現在，除了他們之間的誤會已經獲得澄清之外，卡爾還因此獲得寬容和正派的聲望。以德報怨，放棄不必要的爭鬥，永遠是在面對仇恨的時候，應該擁有的平和心態。這樣一來，不僅可以化敵為友，而且還能讓自己得到更多成功的機會。

任何時候，都別低估人性

原諒那些曾經傷害過我們的人，至少他們讓我們可以向別人展現自己寬容的機會。

讓別人「看不破」，說起來容易，做起來卻非常困難。「看不破」的關鍵，在於「藏巧」。因為，再狡猾的狐狸，也有露出尾巴的時候。因此，如何收好自己的「尾巴」，就顯得尤為重要。

第五輯：在這個世上，一定會有人對你不滿意

要知道，在這個世上，一定會有人對你不滿意，每個人都會有自己的感覺，都會根據自己的想法來看待世界，因此，不要試圖讓所有人對你滿意，因為你不可能讓所有人滿意。

吃軟不吃硬，是人類的本性

一味地硬碰硬，不僅無法解決事情，而且只會讓彼此兩敗俱傷。

胡雪巖說：「江湖上注重情義二字。經商的原則，講究有情有義。」

咸豐六年，北方遭受大旱，京城只好開倉濟民，緊急發旨，要求從江南調運漕糧，以緩解京城危急。王有齡接到聖旨之後，急忙籌集二十萬石糧米，準備運往京城。但是，船隊到達舟山島的時候，卻遇上強盜打劫，糧船被強盜放火燒毀，二十萬石糧米瞬間化為烏有。

王有齡知道之後，心中非常震驚，害怕朝廷見不到糧米會怪罪下來，於是，急忙向胡雪巖尋求對策。胡雪巖沒有像王有齡一樣慌亂，而是仔細的分析事情的來龍去脈。他向王有齡說，由於清朝政府管理無力，於是，漕幫橫行無忌，與匪盜共謀，監守自盜……，而王有齡的糧米被搶，正是漕幫的報復舉動。

聽完前因後果，王有齡只好讓胡雪巖全權處理這件事。胡雪巖來到上海漕幫香堂之後，把已經準備好的禮品奉上，又取出一張十萬兩的銀票，雙手獻給漕幫首領廖化生。同時，胡雪巖用朝廷勢力來威脅漕幫：「糧船被燒毀之後，浙江巡撫嚴令追查真凶，近日寫了一封給皇上的密函。」廖化生就問胡雪巖：「胡先生可知信中有什麼消息？」胡雪巖便從懷中掏出一封密函，交給廖化生。廖化生看完之後，頓時臉色大變，原來這正是浙江巡撫上奏朝廷的密函，歷數漕幫火燒糧船、目無法紀等事情。胡雪巖見狀，急忙安慰廖化生，並用誘導方式說道：「前輩請寬心，胡某已經半路截此密函，朝廷尚且不知，漕幫只要趕緊把糧米和船隻湊齊，並且運到京城，朝廷就不會興師問罪。」廖化生非常感激胡雪巖，便依照胡雪巖所說去做。

胡雪巖的成功之處，除了在於他講義氣，為他贏得許多機會，另外就是他懂得一般人吃軟不吃硬的人性弱點。

任何時候，都別低估人性

吃軟不吃硬，是人類的本性，這是想要「賊一點」的人，必須知道的人性弱點。順從人性以退為進，絕對比計較一時得失，對我們更有利。

人生最大的困擾就是沉迷於別人的看法中

我們無法做到盡如人意，但是絕對可以做到無愧於心。

無論做任何事情，你不可能讓每個人都滿意，因為每個人都有自己看問題的標準和角度。為了取得別人的支持，你可以儘量符合別人的要求，但是你不能期望達成別人的要求。

人生的苦惱，不是在於自己獲得多少，而是在於自己想得到更多，所以經常感到失望與不滿。在這個世界上，有很多事情都是我們難以預料的。我們無法控制命運，卻可以掌握自己；我們無法預知未來，卻可以珍惜現在；我們無法改變天氣，卻可以調整心情……。

不要沉迷於別人的看法

人生在世，最大的困擾就是沉迷於別人的看法中，要知道我們無法做到盡如人意，但是我們可以做到無愧於心。

在夏威夷，有一對雙胞胎王子。有一天，國王想為大王子娶妻，就問大王子喜歡的女性類型。

大王子回答：「我喜歡瘦弱的女孩。」

知道這個消息的女孩心想：「如果自己減肥，或許可以當上王后。」於是，島上所有的女孩，開始瘋狂的減肥。在不知不覺中，島上幾乎沒有肥胖的女孩。後來，大王子因為生病而過世，只好由小王子來繼承王位。

於是，國王又想為小王子娶妻，就問小王子喜歡怎樣的女性。

小王子回答：「我喜歡豐滿的女孩。」於是，島上所有的女孩，又開始瘋狂的增肥。在不知不覺中，島上幾乎沒有瘦弱的女孩。

沒有想到，小王子最後所選的新娘，卻是一個不胖不瘦的女孩。

小王子的理由是：「不胖不瘦的女孩，更顯得青春而健康。」

為缺點和自卑而感到煩惱的人，請注意以下這句話：「審美觀是因人而異的。」也就是說，太看重別人的評價，不僅沒有必要，還會影響自己的生活。

任何時候，都別低估人性

無論你做什麼，打算怎麼做，總會有人對你表示失望。把別人的感覺放在自己的感覺上，只會造成你的失敗。在追求成功的過程中，你一定要學會相信自己。

在這個世上，一定會有人對你不滿意

不要試圖讓所有人對你滿意，因為你不可能讓所有人滿意。

《論語》：「君子和而不同。」意思是說：作為一個君子，要善於調和各種矛盾，要善於跟別人和諧相處。與此同時，如果自己的意見不同於別人的意見，也要尊重別人的意見。

如果團體內無法同心協力，每個人都把時間和精力用於相互之間的勾心鬥角，結果必定是兩敗俱傷。因為，只有「和」才能帶來利益的最大化。

在這個世界上，不能一直重複別人的東西。一千個人，就有一千種看法，所以，要相信自己和掌控自己，因為別人的眼光，並無法改變你的世界。

成功的結果經常是一樣的，但是成功的路徑卻大有不同。所以，不要理會別人的看法，堅持自己的方向，只要可以掌控自己的人，就可以掌控世界。

不要試圖讓所有人對你滿意

要知道，在這個世上，一定會有人對你不滿意，每個人都會有自己的感覺，都會根據自己的想法來看待世界，因此，不要試圖讓所有人對你滿意，因為你不可能讓所有人滿意。

從前有一個畫家，想要畫出一幅每個人都喜歡的畫。經過幾個月的辛苦工作，他把畫好的作品拿到市場上展示，並且附上一則說明：「親愛的朋友，如果你認為這幅畫哪裡有缺點，請你在畫中標上記號。」到了晚上，畫家取回這幅畫的時候，發現整幅畫都被標上記號，對於自己的嘗試，畫家感到非常失望。因此，畫家決定換一種方式再試試看，於是他又畫了一幅同樣的畫，並且拿到市場上展示。但是這一次，畫家要求每個人將其欣賞的筆觸標上記號。結果是曾經被指責的筆劃，如今卻換上讚美的標記。

最後，畫家感慨的說：「我現在終於明白了，無論自己做什麼，只要可以讓少數人滿意就夠了。因為，有些人認為醜陋的東西，有些人卻認為是美好的東西。」

任何時候，都別低估人性

面對競爭，如果你可以消除對手的疑慮，並且邀請對手與自己合作，你就可以獲得成功。

想學會變通，就從改變自己的思維開始做起

一個不善於變通的人，經常容易鑽牛角尖，而且還自認為是堅持原則。

有一個哲人曾經說：「當別人建議你不能做這個和不能做那個的時候，請你不要理睬他們。當你遇到挫折的時候，把它們當做一次機會，而不是世界末日。你所需要做的事情，就是盡快的超越它們。如果一直堅信自己的夢想會實現，你就一定會取得成功。」其實，某一些專家只是某一些定律和公式的化身，他們根本不明白有很多事情是任何定律和公式所無法解釋的。當他們對你的行動比手畫腳的時候，他們就是用所謂的真理來阻止奇蹟的發生。如果你不受到他們的指指點點影響，你就可以取得成功。你所需要做的只是相信自己，用自己的心靈去掌控自己怎麼做事。

有人說：「牛角尖裡沒出路。」同樣一座山，從不同的角度去看，看到的結果就會大不相同。每一件事情，如果用不同的眼光去看，就會有不同的結局。所以，當一條路走不通的時候，不妨換一個方式，或許出路就在前面。一個不會變通的人，永遠無法到達成功的彼岸。

並且，要知道凡事並非只有一個結果，在前進的道路上，出現一座大山，本來可以繞道而行，

輕鬆的抵達目標。但是，有些人卻喜歡勇往直前，結果把自己撞得頭破血流。

不要鑽牛角尖

認為自己正確，這本身無可厚非，但是你的那一套，是否符合現實狀況呢？一個鑽牛角尖的人，最終一定會困死在象牙塔裡。很多事情，其實可以一笑而過。

人生的智慧，只有透過自己不斷的反省和思考，才可以獲得屬於自己的答案。因為，一個不善於變通的人，經常容易鑽牛角尖，還自認為是堅持原則。而且當他們遇到不如意的事情，就會立刻大發脾氣。這個時候，與其說是他對別人不滿意，不如說是他覺得自己受到挑戰或威脅。

西方有句諺語：「上帝對你關上一道門，就會給你打開一扇窗。」所以，只要我們願意接受變化，並且善於改變自己的思維習慣，就可以走出困境，進入一個新的世界。

任何時候，都別低估人性

千萬不要相信專家的判斷。只有相信自己的人，才可以獲得幸運女神的青睞。千萬不要讓別人控制你前進的方向，那樣將會讓你一事無成。

想要走出牛角尖，就要打破常規

所謂審時度勢，就是要明察不同事物的相似之處和相似事物的不同之處。

一隻章魚的體重，可以高達數十公斤。但是，如此龐大的傢伙，身體卻非常柔軟，幾乎可以將自己擠進任何地方。最神奇的是，牠竟然可以穿過比身體小很多的洞。漁民掌握章魚這個特點，就將瓶子用繩子串在一起，並且將瓶子沉入海底。章魚一看見瓶子，都爭先恐後的往裡面鑽，無論這個瓶子有多麼小。結果，這些在海洋裡橫行霸道的章魚，就成為眾人餐桌上的一道佳餚。章魚的下場，不得不讓我們思考，生活的道路不止一條，為什麼一定要一條路走到底呢？我們也可以另闢蹊徑，開創一個新的世界。

想要走出牛角尖，就要學會變通，審時度勢，打破常規。所謂審時度勢，就是要明察不同事物的相似之處和相似事物的不同之處。那麼，我們應該如何審時度勢呢？要有一個良好的心態！如果一個人總是心浮氣躁，就無法看清事物的本來面目，就會主觀行事，一錯再錯。

成功者的秘訣是隨時檢視自己的目標是否有偏差，並且合理的調整自己的目標，進而順利的取得自己的成功。

先佔不一定先贏

理查・卡爾森曾經說：「大多數的人，都會陷入無止境的物慾爭奪中，似乎有許多人相信，能爭多少就算多少，這樣人生才不會白活。但是，生命的真相，真的僅止於此嗎？」

如果我們分析這些爭奪的動機，幾乎無一不是從自己的立場來出發。因為，在這個弱肉強食的社會中，我們都在無形之中被灌輸一個觀念：「只有先佔先贏，才可以生存下去。」

但是，我們卻沒有想過，我們失去的可能更多，例如失去自己的人生定位。

任何時候，都別低估人性

當我們遇到困難的時候，我們就應該改變自己的思維方式，來讓我們順利的找到解決問題的方法。

打破常規，不走大家都走過的尋常路

如果懂得打破傳統思維，就會得到超乎你想像的結果。

巴黎一家現代雜誌，曾經刊登過一個有趣的問答題目：「如果有一天羅浮宮突然發生大火，你只可以搶救一件藝術珍品，請問：你會選擇哪一件？」

在數以萬計的讀者來信中，一個年輕畫家的答案被認為是最好的——距離門口最近的那一件。

英國某一家報紙，也曾經舉辦過一項有獎徵答。題目是這樣的：在一個充氣不足的熱氣球上，載著三個關係世界存亡的科學家，第一個是環保專家，第二個是核子專家，第三個是糧食專家。這個時候，熱氣球即將墜毀，必須丟下一個人以減輕載重，讓其餘的兩個人得以存活，請問：應該丟下哪一個科學家？

最後，當結果揭曉的時候，出乎眾人的意料。巨額獎金的得主，竟然是一個小男孩。他的答案是——將最胖的那個科學家丟下去。

事情並沒有我們想像那麼困難

為什麼我們要把自己的思維侷限在常理中呢？為什麼不改變一個方式去思考，或許事情並沒有我們想像的那麼困難。

十九世紀的時候，有一個瑞典青年，由於他沒有良好的學歷和背景，所以無論他再怎麼努力，也無法成為地位崇高的建築師。有一天，他看到出訪的瑞典國王查理四世。查理四世原本是法國人，由於他的卓越才能被瑞典國王賞識，因此被瑞典國王收為義子。

這個瑞典青年的眼睛一亮：「對啊！國王原本是法國人，如果我在瑞典建造一座類似凱旋門的建築物，一定可以引起他的注意。」

不久之後，青年就在一個小城內，建造一座類似凱旋門的建築物。當國王看到這個建築物的時候，驚訝得說不出話來。後來，國王特別召見青年，誇讚他的建築技術。受到國王稱讚的青年，突然聲名大噪，這個瑞典青年，就是懂得打破傳統的思維，巧妙的藉助國王的名望，達到自己想要成名的目的。

做人賊一點，吃虧小一點

當我們發現山窮水盡的時候，不妨換一個「賊一點」的角度來思考，也就是只要能幫自己找到新的出口，即便是別人不屑的另類想法也沒關係。

選擇自己的舞台，要以利益做為選擇的標準

在選擇派系的時候，要以利益為最大的考量，絕對不能隨便選擇。

每個人在心中都會對自己定位，但是許多人經常無法抵擋誘惑，結果讓自己墜入痛苦的深淵。所以，一定要看清自己的位置，因為只有明確自己位置的人，才可以把事情做好。

清朝洋務運動的主角恭親王，曾經在一次政治鬥爭中，萌生退出政壇的念頭。後來，他在一個老師的指點下，來到北京西郊的一座名寺，求教於一個高僧，但是，這個高僧並沒有說什麼，只是笑而不語，要恭親王陪他下一盤棋。就在雙方棋戰方酣之際，這個高僧突然拿著手中的棋子，問恭親王：「這是什麼？」恭親王一驚，滿臉狐疑的回答：「是棋子啊！」

這個高僧又把手中的棋子放在棋盤外面，問恭親王：「離開棋盤的棋子，還是棋子嗎？」

恭親王對高僧的提示，立刻了然於胸：恭親王之所以是恭親王，是因為他處在政壇中，如果他脫離政壇，恭親王也就不再是恭親王。想到這裡，恭親王拜謝高僧。

可以適當採用「站在中間」的戰略

在許多公司裡，都有複雜的人事鬥爭，因此形成各種利益集團——派系。既然是利益集團，其中就充滿著利益，成為某一個利益集團的參與者或對立者，自己的所得或所失就會有很大的不同。因此，在選擇派系的時候，一定要仔細的考察，哪一個派系更有發展的前途。在這個問題上，絕對不能隨便，如果選擇錯誤，將會對自己造成許多不便。

在一些公司裡，可能會有很多利益集團，無論你選擇哪一個利益集團，你都會因此有所獲得和有所失去。如果你可以適當的採用「站在中間」的戰略思想，就可以讓自己立於不敗之地，並且因此獲得升遷的機會。

任何時候，都別低估人性

棋子不能脫離棋盤，將軍不能失去戰場。在日常生活中，也是如此，一定要看清自己的角色，寧願賊一點，也不要輕易地離開自己的舞台。

權力只是一種贏得權力的手段，不是你的最終目標

只要有一個人想要拉攏你，就會有更多的人想要拉攏你。

法國「七月革命」，經過三天的暴動之後，塔里蘭聆聽著宣告暴動結束的響亮鐘聲，然後對助手說：「聽那個鐘聲，我們贏了！」「『我們』是誰？」助手問。

塔里蘭說：「不要說話！明天你就知道『我們』是誰。」

塔里蘭向人們展示一個道理：一定要選擇強大的利益集團作為依靠。

許多初進職場之人，都不想參與公司裡的派系之爭。雖然這種想法非常理想，但是實際上卻是不可能實現的。既然進入一家有派系鬥爭的公司，你就不可能獨善其身，要嘛參加這個派系，要嘛參加那個派系，否則，兩面不討好，最後就會被所有人排擠或是被公司開除。

在派系的選擇上，不存在道德意義上的優劣，而是一種利益的選擇，我們應該直接面對利益，選擇強大的一方，只有確定自己的舞台，才可以找到正確方向。

看不清方向的時候，先站在中間的位置

一九六八年，美國總統大選期間，季辛吉分別打電話給尼克森陣營與韓福瑞陣營，明確表示自己可以向兩邊陣營提供寶貴的情報。其實，季辛吉真正想要的是國務卿的位置，尼克森和韓福瑞都答應給他這個位置，無論是誰贏得總統大選，季辛吉都可以從中獲利。

最後，尼克森順利當上總統，季辛吉也順利當上國務卿。慾望是會傳染的，只要有一個人想要拉攏你，就會有更多的人想要拉攏你。審時度勢，可以讓自己增加影響力，關注你的人越多，你的影響力就會越大。保持一定的距離，更容易引起別人的注意，這是進退規則的良策。

要知道權力只是一種贏得權力的手段，不是你的最終目標。

做人賊一點，吃虧小一點

把別人視為自己攀登頂峰的台階，而不是讓自己為別人搖旗吶喊，這是做人「賊一點」的最高指導原則。

做自己最擅長的事情

即便時間再怎麼多，也不要讓自己白花力氣去做白工。

從成功人士的經驗分析中，我們可以得到一個結論：一個人想要取得事業的成功，就要不斷的利用自己的優勢，才可以將自己的優勢變成自己的成功。

艾德溫・蘭德是一個世界著名的學者，他一直想建立自己的公司。一九三七年，他終於建立自己的公司——拍立得公司，一步一步的把自己的夢想變成現實。一九七〇年，拍立得公司的年銷售額達到五億美元，到了二十世紀八〇年代，拍立得公司的年銷售額已經達到十幾億美元。

拍立得公司的特色，就是艾德溫・蘭德的經營思想。艾德溫・蘭德的一貫主張是：想知道某一個東西是否值得自己花時間，最好的辦法就是把它做出來，並且把它放在市場上銷售，再判斷是否值得為它再花力氣。

以上例子，就是向我們證明一點：如果自己想要發展，就要依靠自己的優勢。

虛心學習多請教

俗話說：「人非聖賢，孰能無過？」每個人都會犯錯，只有改正錯誤，才可以繼續前進。有錯不改，只會讓你原地踏步，進而遠離成功。換句話說，只有在自己做錯的事情上面多學習，才可以讓自己少走一點彎路。長江裡有一種魚，每當碰到障礙的時候，牠們不是趕緊往後退，而是繼續往前衝。漁民們經常利用這一點，在魚群經過的地方，放下一張直立的網子，每當魚群鑽入網眼的時候，牠們還是繼續往前衝，最後成為漁夫的美食。

在世事的變換中，如果我們像這些魚一樣，不懂得吸取前人的經驗和教訓，就會讓自己吃虧。要知道成功者之所以成功，除了本身的努力以外，最重要的就是：他們善於向別人學習。

任何時候，都別低估人性

牛頓說：「我可以看得比別人遠，那是因為我站在巨人的肩上。」吸取前人的經驗和教訓，不斷的對自己進行修正，就可以讓自己到達成功的彼岸。

成功者的秘訣是隨時檢視自己的目標是否有偏差，並且合理的調整自己的目標，進而順利的取得自己的成功。

第六輯：閉上你的嘴巴，你會更有影響力

開口之前先思考，確定不會傷害別人，再把話說出口。並且，要改掉爭論的壞習慣，因為，爭論最容易傷感情，是人際交往的大敵。所以，在與別人交往中，我們要特別記住，執拗並不明智，即使你真的比別人高明，這種態度也是要不得的。

如果你懂得對別人友善一點

如果你希望別人認同你，你就應該先去做他的朋友。

史德柏想少交一些房租，但是他的房東很難搞定。他想寫一封信告訴房東，只要合約一期滿，就立刻搬走。不過，其實他並不想搬走，只要可以少交一些房租，他還是會繼續留下來。

可是，每個人都告訴他，這個房東很難搞定，其他的房客也想少交一些房租，但都沒有人可以說服房東。

因此，他就心想：「既然我正在學為人處世的方法，不如就用我學到的知識來試試看，或許可以成功。」

沒有人不喜歡別人的讚美

當房東收到他的信以後，就帶著秘書一起來找他。而他除了對房東的到來表示熱烈的歡迎，並沒有說房租太高的事情，反而是不斷的誇讚房東的房子……，只有在最後稍微提到雖然還想再住一年，可惜付不起這麼高的房租。

很明顯，沒有一個房客對房東這麼熱情過。就這樣，他還沒有提出要求，房東就主動的減少他的房租，臨走的時候，房東還問他房子要不要重新裝潢。

如果他也用其他房客的方法來要求房東減少自己的房租，一定會遭到房東拒絕。而他可以順利的減少自己的房租，就是利用友善、謙虛、讚揚的態度。

如果一個人真的對你有意見，任憑你怎麼用邏輯推理，他都不會服氣。苛刻的父母、嚴厲的主管、囉嗦的妻子，這都是一些固執的人，不會隨便同意別人的看法。但是，有一個方法可以讓他們不再固執，那就是和善而謙虛的態度。

任何時候，都別低估人性

一般大家認為很難搞定的人，其實並沒有大家想像中那麼難搞定，反而只要你懂得適時讚美他、關心他、以及重視他，他可能就會比任何人都還要好搞定。

批評別人之前，先讚美別人

你要懂得用「讚美」來當成批評別人的開場白。

波士頓一直是美國的教育和文化中心，但是在二十世紀，波士頓的媒體上卻儘是一些差勁醫生的騙人廣告。他們以行醫為名，用恐嚇的語言來誘使人們上當，卻沒有真正為人們治病。

這些赤裸裸的惡行，終於惹惱波士頓的群眾，社會上各種團體都團結一致，一起抗議這些媒體和醫生。議會也不斷討論這個問題，想宣佈這些騙人的廣告是違法的。但是，這些人的努力全部沒有作用，所有的努力都比不上金錢和權利的力量。當時，畢博士是波士頓基督教聯盟的委員會主席，眼看著委員會的努力即將成為泡影，最後他終於想出一個辦法。

畢博士寫了一封信給《波士頓先鋒報》的發行人，信中述說他對《波士頓先鋒報》的欣賞，說它是美國最好的報紙之一。筆鋒一轉，畢博士又說：「但是我的朋友卻說，他的女兒看到貴報上關於『墮胎專家』的廣告，很想知道是怎麼一回事。我的朋友很尷尬，不知道怎麼跟自己的女兒解釋。如果你也有女兒，你是否也會感到不好意思呢？我真的很遺憾！貴報這麼完美，卻刊登這種廣告，真的會讓父母們非常擔心。我想，成千上萬的讀者也都有我這樣的想法。」

「讚美」比「批評」更有力量

兩天之後，畢博士就收到《波士頓先鋒報》發行人的回信。那是一九四〇年十月十三日的回信，內容大概是這樣的：非常感謝畢博士的來信指教，而畢博士的信，讓我下定決心，從下個星期開始，會盡力刪除有爭議的廣告，暫時不能刪除的廣告，也會謹慎的編輯，不讓它們再招致讀者朋友們的非議。如果你可以理解「讚美」比「批評」更有力量，你就會懂得用讚美來當成批評別人的開場白了。

做人賊一點，吃虧小一點

如果你想讓別人接受你的批評，比較賊一點的做法就是不妨先大大地讚美他一番，因為只要有「讚美」壓在前頭，就可以讓別人認為你對他的批評沒有惡意。

你要知道別人想要什麼

只要動點腦筋，就可以讓別人按照你想要他走的方向去走。

每一年夏天，都會有很多人在河邊釣魚。如果我們想要釣到魚，就必須要有適合魚的魚餌。當你「釣」人的時候，不也是同樣的道理嗎？也就是談論別人所想要的，並且告訴他怎樣去得到。請記住這一點！當你要別人去做某件事的時候，尤其要貫徹這一點，而這是唯一可以影響別人的方法。

有一次，愛默生要把一頭小牛趕入牛棚，結果他和他的兒子只想到他們所要的：兒子在前面拉，愛默生在後面推。但是，那一隻小牛所想的，卻與他們想做的完全相反：牠蹬緊雙腿，不肯離開原地。

但是，愛默生的女僕卻輕鬆的打破這個僵持的局面。她想到那一隻小牛所要的，所以她把自己的拇指放入小牛的口中，讓小牛吸吮著自己的拇指，然後慢慢的把小牛引入牛棚。

你所做的每件事情，都出自自己的需求

從出生之後，你所做的每一件事情，都是出自你的需求。例如：你為什麼要捐款？因為你和其他人一樣，想要做一件善良的事情。如果你對那一百元的喜愛超過對行善的感覺，你就不會去捐款了。當然，或許你會因為不好意思拒絕，或因為有人請你捐而不得不捐。但有一點是可以肯定的，那就是因為你有所需求，而導致要捐款的願望大於不捐款的願望。

亞佛斯德在《影響人類的行為》一書中，曾經說過：「實際上，慾望支配著我們的行動……無論是在商業、家庭、學校中，對於那些想要勸導別人的人而言，我所能給予的建議就是：首先要引起對方的慾望。如果可以做到這一點，就會讓自己如魚得水，否則就會一事無成。」

任何時候，都別低估人性

如果你想讓別人聽你講話，首先你要想辦法引起別人聽你說話的慾望，而引起別人慾望的方法，就是你講話的內容，必須是別人在內心思考的事情。

就算是好話，也要好好說

再好的「好話」，也要說到別人的心坎裡，才有用處。

如果職場是一個舞台，上司對員工的「說話」就像一齣戲，雖然台上的演員賣力的演出，但是台下的觀眾能否理解和接受，則是另外一回事。有效的溝通，除了要有基本的表達以外，還要確保自己所要傳達的資訊可以被別人接受，否則，花費再多的苦心，也只是對牛彈琴。

逆耳的話，沒有人喜歡聽

楚莊王即位之初，就將國家大事拋在一旁，整天縱情歡樂。剛開始的時候，大臣們覺得他剛登基，就沒有說什麼。但是，時間一長，大臣們就開始擔憂起來。

有一天，伍舉求見楚莊王，對楚莊王說：「大王，臣想請您猜一個謎語，內容是山岡上有一隻鳥，但是三年的時間，它既不叫也不飛，請問大王，這還可以算是鳥嗎？」

楚莊王一聽，心裡有數，表面上卻不動聲色。思索一會，楚莊王才說：「三年不飛，一飛衝天；三年不鳴，一鳴驚人。寡人明白你的意思，你先回去吧！」

但是，幾個月過去了，楚莊王依然如故，不僅沒有收斂，反而變本加厲。有一天，大臣蘇從再也忍不住，直言不諱的對楚莊王說：「大王，臣認為您是一國之君，不能終日縱情享樂，應該專於朝政，治理國家。」

楚莊王未置可否，反而提醒蘇從：「愛卿，你難道不怕惹惱寡人，被寡人處死嗎？」沒有想到，楚莊王從此不再縱情享樂，開始致力於政治革新，讓國家的面貌煥然一新。

在各種人際的社交場合中，除了要正確的對待逆耳之言以外，更要學會控制自己的感情，這是我們在社交場合表現得是否成熟的檢驗。

任何時候，都別低估人性

無論是責人之過，還是教人之善，都必須站在對方立場上設想，要在其可以接受的範圍內去指正過失和勸導行善，否則，過猶不及，只會白費苦心。

不要讓自己的言談破壞自己的印象

注重細節，當心一些不注意的小地方會降低別人對自己的評價。

談話是一門藝術，談話者的態度和語氣，都非常的重要。或許你曾經看過某些人為了展示自己的口才，總是喜歡用誇張的語氣來談話，甚至不惜危言聳聽，因此，我們要極力避免自己成為這種不受歡迎的人。

如何給人留下良好印象

我們該如何在與別人交談的時候，給別人留下良好的印象呢？關鍵是你有沒有掌握以下幾點的其中奧秘。

一、表情要自然，語氣要親切。說話的時候，可以做出一些手勢，但是動作不要過大，雙方交談的時候，不要與對方距離太遠，也不要與對方距離太近。

二、要使用禮貌用語。在社交場合中，不能高聲辯論，更不能惡語傷人，離開時還要有禮貌的跟對方道別。

三、必須瞭解一些禁忌。不要詢問對方的年齡、收入、財產的問題。對方不願意回答的問題，就不要追根究底。如果觸及對方隱私的問題，應該立刻表示歉意，或是立刻轉移話題。

四、要禮貌的對待每一個交談對象。別人在與其他人談話的時候，不要湊前旁聽；如有第三者參與談話的時候，應該以點頭或微笑來表示歡迎；另外發現有人想要與自己談話的時候，可以主動的詢問；需要事先離開的時候，應該向對方表示歉意。

五、以適當的動作來加重談話的語氣，其實是非常有必要的。但是，某一些不尊重別人的舉動，就不應該讓它們出現，例如：揉眼睛、伸懶腰、挖耳朵、看手錶、擺弄手指、活動手腕、雙手插在口袋裡、抱著膝蓋搖晃……這一些動作，都會讓別人覺得你是心不在焉和傲慢無禮。

任何時候，都別低估人性

在人際交往中，一個人會給別人留下什麼印象，除了穿著打扮以外，最直接的影響就是談吐水準，因此，如果你想讓別人覺得你不一樣，就必須注重自己的談話內容。

在舉手投足之間，顯示你的真性情

如果一個人的舉止風度，缺少文雅和穩重，就會失去別人的喜愛。

當我們與別人交談的時候，要保持寬宏的氣度。當你選擇的話題過於專業的時候，就應該立刻停止，不要再談論下去。如果有人反駁自己的時候，千萬不要惱羞成怒，應該心平氣和的與之討論，如果發現對方有意挑釁的時候，就可以對之不予理睬。

與別人交談的時候，不要一直表現自己的學識，只有聽與說互相結合，才可以做到有效的雙向交流。而且，無論你的知識多麼豐富，也不要藉此向別人炫耀。

另外，如果一個人缺少文雅和穩重，就會失去別人的喜愛。如果你想要擁有好人脈，就要規範自己的行為：優雅大方、穩健從容、表裡如一、不卑不亢。

也就是在社交場合中，你的一舉一動，都要嚴肅而莊重，行走的時候，步伐要從容而穩健，不要搖頭晃腦、東張西望、勾肩搭背。舉手投足要自信親切，不要盛氣凌人和畏首畏尾，否則就會給別人留下不好的印象。

讓自己的喜怒哀樂深沉有度

在社交場合中，每個人的喜怒哀樂，不僅代表著自己的情緒，也會影響到別人的情緒。因此，一定要有理智的加以控制，讓自己的喜怒哀樂深沉有度，亦就是深沉的喜愛，除了友善的動作以外，更表現在愛護、關切、讚賞、喜悅的神情和目光上；深沉的憤怒，不是在於說話聲調的高低與強弱，而是在於內心表現的威嚴和怒斥；深沉的悲痛，不是淚流滿面的痛哭失聲，而是用理智把握感情，並且化悲痛為力量；深沉的快樂，無須狂歡大叫，而是應該充滿激情……。

任何時候，都別低估人性

當別人願意聽取你的意見的時候，你可以把自己所知道的全部說出來。同時，還要聲明你所知道的是非常有限的，如果自己有錯誤，希望對方可以立刻指正。

控制自己，不是一件非常容易的事情

我們最大的敵人，不是別人，而是自己。

在現實生活中，我們不可能要求每個人都對我們笑臉相迎。有時候，我們會受到別人的誤解，也會受到別人的嘲笑或蔑視。這個時候，如果無法控制自己的情緒，就會造成人際關係的不和諧，對自己的生活和工作帶來很大的影響。

因此，有時候，我們必須適當的控制自己的情緒，如果一個人無法控制自己的情緒，就會受到別人的情緒或行為的影響，進而決定他們的生活是快樂還是悲傷。

善於控制自己的感情和行為，在心理學上稱為「自制性」或「自制力」，這是意志品格的某一個方面。

我們最大的敵人，不是別人，而是自己

成功者之所以成功，就是因為他們總是不斷的反省。根據哈佛商學院對一百個成功人士的調

查，發現一個共同的規律就是：他們都注重自律。控制自己，不是一件非常容易的事情，因為，在每個人的心中，永遠存在著理智與感情的鬥爭。如果一個人任憑自己的感情來支配自己的行動，就會讓自己變成感情的奴隸。如果一個人可以控制自己，就可以支配自己的情緒和命運。

其實，不顧一切想要達到自己的目的，並不真正是對人生和自由的追求。不能自我控制，經常會讓自己做出一些錯誤的舉動，所以，自我控制是非常重要的。

從另一個角度來看，一個成功的人在與別人交往的過程中，總是會習慣的運用「求同存異」的智慧。可以自如的運用求同存異的智慧的人，一定是一個有高度自我控制能力的人。

想要做到自我控制，就要充份的運用求同存異的智慧，進而獲得人生最大的快樂。

任何時候，都別低估人性

為了尋求眼前一時得意，而以犧牲未來為代價，這種代價所導致的損失，將是你終身都無法彌補的。

閉上你的嘴巴，你會更有影響力

言多必失，說得越多，越顯得平庸，說出蠢話的機率就越高。

美國藝術家安迪・沃荷曾經告訴他的朋友：「自從我學會閉上嘴巴以後，我竟然獲得更多的威望和影響力。」

所以，在研究「說話」這門藝術的時候，一定要先學會「少說話」。

西元前四五四年，科里奧蘭納斯準備競選執政官，進而拓展自己的名望。在投票日的前夕，他在所有的元老和貴族的陪同下，慢慢的走進會議廳。當他發言的時候，內容絕大部份是說給那些陪他來的富人聽的。另外，他不僅宣稱自己一定會當選，而且還大肆吹噓自己的戰功。導致人們紛紛改變自己的投票意願。

科里奧蘭納斯敗選之後，發誓要報復那些反對他的人。幾個星期之後，元老院針對一批運抵羅馬的物品是否免費發放給百姓這個議題進行投票，科里奧蘭納認為發放糧食會給羅馬帶來不利的影響，進而使得這個議題沒有通過。後來，科里奧蘭納斯又提議取消平民的代表，並且將統治權交還給貴族。

此舉，讓平民們憤怒不已。平民們成群結隊的趕到元老院，要求科里奧蘭納斯出來與他們對質，卻遭到科里奧蘭納斯的拒絕。於是，全城暴動，元老院迫於壓力，最後才同意發放物品，但是平民們還是要求科里奧蘭納斯公開道歉。無奈之下，科里奧蘭納斯出現在群眾的面前，一開始他的發言緩慢而柔和，但是過了一會兒，他卻變得越來越粗魯，甚至口出惡言來侮辱群眾！

群眾的大聲抗議，護民官甚至決定判處他死刑後來，但在貴族的干預下，他被判決終生放逐。如果科里奧蘭納斯在敗選之後，可以反省自己失敗的原因，或許還有機會被推舉為執政官，可惜他無法控制自己的言論，最終自食其果。

任何時候，都別低估人性

或許你會反駁：「既然要先學會少說話，就不必詳細研究說話這門藝術。」其實不然，少說話固然是美德，但在現實社會中，只可以少說話，而不是不說話。

小心失言惹禍上身

如果你可以傾聽別人的意見，就會給別人留下謙虛而柔和的印象。

俗話說：「病從口入，禍從口出。」確實，言語傷人，勝於刀槍，刀傷易癒，舌傷難痊。因此，有道德的人，絕不泛言；有信義的人，必不多言；有才謀的人，不必多言。多言取厭，虛言取薄，輕言取侮。然而，一個有頭腦的人，一定會知道：與其濫言，毋如不言。

夏允彝在《倖存錄》中，曾經記載：在一家旅店裡，有五個人在一起飲酒，其中一個人說：「魏忠賢作惡多端，不久之後，一定會垮台。」另外四個人勸他說話要慎重，否則就會招來災禍。沒有想到，那個人卻大聲說：「雖然魏忠賢專橫，但是他卻不能剝我的皮，我怕什麼！」

夜裡，眾人熟睡，突然房門被推開，闖進來幾個人，並且逮走那個說大話的人。過了一會兒，這些人又把另外四個人帶到衙門。那個說大話的人，一絲不掛的躺在地上，手腳都被釘在門板上。魏忠賢高坐在堂上，對另外四個人說：「這個人說我不能剝他的皮，今天不妨試一試。」

於是，魏忠賢命令手下取來融化的瀝青，澆在那個人的身上。過了一會兒，瀝青冷卻凝固，手下用錘子敲打，只見瀝青和人皮一起脫掉，形成一副完整的皮殼。

開口之前先思考

凡事三思而行，說話也不例外，開口之前先思考，確定不會傷害別人，再把話說出口。並且，要改掉爭論的壞習慣，因為，爭論最容易傷感情，是人際交往的大敵。所以，在與別人的交往中，我們要特別記住，執拗並不明智，有些人喜歡抬槓，無論別人說什麼，總是要加以反駁。為什麼會這樣呢？因為，這些人不喜歡聽取別人的意見，並且自以為比別人高明。其實，即使他們真的比別人高明，這種態度也是要不得的。唯一改善的方法，就是養成尊重別人的習慣。

任何時候，都別低估人性

你的意見不一定對，別人的意見也不一定錯。既然是這樣，為什麼你要一直反駁別人的意見呢？

當你對別人說「你的想法有問題」的時候

對方為了保全自己的面子，一定會緊緊的關閉自己的心扉。

無論你的意見與對方的意見之間有多大的距離，也不要表現出一副無可商量的態度。如果你是一個善於談話的人，你就可以讓彼此之間的談話，順利的進行下去。

在說話的時候，別人最害怕你模稜兩可，有一些事情，你可以避開不談，拒絕表示自己的意見。但是，你不能事無大小，一直不肯明確的表示自己的意見，讓別人總是不知道你究竟是什麼意思。如果有爭論的時候，儘量保持冷靜的態度，在日常生活中，我們經常會遇到一些喜歡與自己作對的人。

對於那些喜歡與自己作對的人，你應該採取什麼態度呢？絕大多數的人所採取的態度是：向對方展開反駁。事實上，這種反駁是沒有任何用處的。你之所以會對他展開反駁，其實是想讓他保持與自己相同的意見。

對於那些與你唱反調的人，或許你應該大規模的展開反駁，以便把他們駁倒。但是，即使你做到這個地步，效果又是如何呢？

每個人都有保護自己的本能

你必須冷靜思考的是你自己所希望的，並且讓對方同意你的意見和看法。每個人都有保護自己的本能，當你對別人說「你的想法有問題」的時候，對方為了保全自己的面子，一定會緊緊的關閉自己的心扉。

因此，與別人進行討論的時候，還是應該採取冷靜的態度。

一個心理學家曾經說：「人們只在『無關痛癢』的事情上，才會『無傷大雅』的認錯。」由此也可以證明：願意承認錯誤的人，其實是非常少的。

我們最容易犯下的錯誤，就是認為自己的觀點才是正確的，進而忘記自己應該聽取別人的意見。如此一來，我們在爭論的過程中，就會無法控制自己的情緒。所以，如果彼此各執己見的時候，你就應該控制自己的情緒，等到彼此冷靜下來的時候，再進行討論的舉動。

任何時候，都別低估人性

你不可以隨便的擺出一副要教導別人的姿態。過多的執拗，經常會把有趣的生活變成無謂的紛爭。

善於控制自己的感情和行為，在心理學上稱為「自制性」或「自制力」，這是意志品格的某一個方面。

第七輯：該裝糊塗，就不要打破砂鍋問到底

在日常生活中，朋友之間的思想和觀念，難免有所不同。對於無傷大雅的問題，我們可以選擇裝糊塗，並且一笑置之。如果真的必須點破，就必須要有掌握分寸的心計。

難得糊塗，才會難得成功

裝糊塗的態度，是一種做人之道，也是一種成功之道。

清朝畫家鄭板橋有一方閒章，其中「難得糊塗」四個字一經刻出，就立刻成為許多人的座右銘。於是，在這個世界上，就產生糊塗哲學。其實，糊塗哲學並不是鄭板橋的「獨門絕學」。古今中外，一直有很多人以此為樂，並且因此而受益。

克制讓人受益多

在工作和生活中，難免會遇到一些問題，讓我們感到煩惱。每當不順心的時候，就要懂得自我克制，否則只會讓彼此尷尬。率性而為，確實有其好處存在，那就是可以塑造自己的獨立性格。但是，並不是每個人都必須塑造自己的獨立性格。

對於大多數人而言，自己在精神上的需求，只是止於被尊重而已。率性而為的成本太大，並不是每個人都可以承擔。既然世界不能任由自己擺佈，那就讓世界擺佈自己吧！俗話說：「君子報仇，十年不晚。」但是，在現實生活中，我們更應該學會「有仇不報是君子」。或許有些人會說這是糊塗和怯懦，我們應該像梁山好漢一樣，有仇必報。但是，你是否還記得，梁山好漢報仇之後，又得到什麼結果？

西元二三年，反對王莽的綠林軍內部為了爭權，竟然謀殺了劉秀的兄長。劉秀得知這個消息之後，立刻從外地趕回「請罪」，不為兄長服喪，也不與兄長手下的將領交談，在綠林軍眾將面前談笑自如，絲毫看不出悲傷的樣子。這樣一來，劉秀終於順利的矇蔽當時被綠林軍擁立為皇帝的劉玄，以致後來劉玄還放心的讓劉秀去河北進行招撫工作。劉秀謀得機會擁兵自立，後來打敗綠林軍，當上東漢的開國皇帝。換言之，只要我們懂得像劉秀一樣，裝一時的糊塗，不僅可以保全自己的性命，還可以成就自己的江山。

任何時候，都別低估人性

「有仇故意不報」其實是糊塗的最高境界，因為如此一來，才不會讓自己陷入冤冤相報何時了的漩渦當中。

腦袋越清楚的人，越懂得裝糊塗

該裝糊塗的時候，就讓自己糊塗到底。

三國時期，袁紹和曹操在官渡展開決戰。曹操以七萬兵馬，戰勝袁紹的七十萬兵馬。戰爭結束之後，曹操命令部屬清點戰利品，把所獲得的金銀珠寶和綾羅綢緞，全部獎賞給士兵，並且把文書檔案和地圖書籍加以整理，以便分析敵情，作為日後行軍作戰參考之用。在清理過程中，有人在紙堆裡發現一捆書信，信捆的上面附著一張紙，標明這些信件全部是來自於曹操的根據地許昌，或是現在的曹軍軍營之中。

曹操的親信說：「這些都是與袁紹暗通的書信，一定要打開仔細看看，看他們說了什麼，並且把這些人捉出來殺了。」曹操連忙制止說：「不要這麼做，當時袁紹強大，連我自己也不能自保，更何況別人呢？」

這些書信，曹操一眼也沒看，就直接下令把這些書信全部燒掉，表示既往不咎，於是迅速安定人心。曹操下令燒掉書信，無疑是智者的表現，因為他知道，人們在特殊情況下，被眼前利益驅使，都有可能說錯話和做錯事。既然事情都已經過去了，何必再去追究那些無心的舉動呢？

如何讓人死心塌地為自己賣命

其實，這就是曹操比別人聰明的地方，也就是他知道與其把那些和袁紹私通的人全部抓出來砍頭，還不如原諒這些人，讓這些人死心塌地為自己賣命。

正是曹操這種既往不咎的燒信之舉，才讓部屬覺得他是一個值得追隨的君主，後來才有眾多武將和謀士紛紛投靠，為曹魏奪下中原地區。

任何時候，都別低估人性

有句話說：「水至清無魚。」如果一切皆明白於心，恐怕會心生煩亂。所以，巧妙的裝糊塗，不僅是一種真聰明和大智慧，而且有時候還可以幫自己避掉無謂的麻煩。

把「對不起」當成口頭禪的「謝罪學」

「人在屋簷下，不得不低頭。」一個人在社會行走，難免都會有低頭的時候。

有些人的自尊心比較強，所以羞於將「對不起」說出口。事實上，這三個字的份量，並沒有那麼重。人生在世，難免會犯錯。無論我們做錯什麼事，或是為什麼犯錯，第一步就是要懂得道歉。所以，道歉也是一個專門的學問，我們可以稱其為「謝罪學」。

我們經常為了表示禮貌，就會習慣性的把「對不起」掛在嘴邊，但是實際上，它可能只是一個避免麻煩的口頭禪——對於一些不足掛齒的失誤，你覺得根本沒有必要浪費時間和精力在這樣的問題上，於是乾脆先把「對不起」說出來，以免別人糾纏不已。這是人類的本能，也是職場上的生存之道。

真心實意的道歉，是一種負責的處世態度；表面功夫的道歉，是一種圓融的處世技巧。只有將兩者融會貫通的人，才有資格被稱為「會做人」。

很多時候，道歉只是為了展現一個人有擔當的態度，與道歉的內容並沒有太大的關係。因此，在動作和表情上，必須用真心展現適度的歉意，以免讓道歉的效果大打折扣。

可以有理由，不能有藉口

一般而言，人們比較可以接受正當的「理由」，而不是推脫的「藉口」。所以，在對方指責之前，自己先開口道歉，就可以大事化小，千萬不要急著辯解。因此，自己在一開始的時候，就先說出對方想要的答案，後續的責難與追究，就會減少許多。另外，對方在生氣的時候，不可以急於開口，也不可以先離開現場。「等他冷靜下來，我再向他解釋」是絕對行不通的。所以，寧願自己站著挨罵，也不要讓別人覺得自己在逃避，以免造成難以扭轉的負面印象。

任何時候，都別低估人性

如果我們仔細觀察，就會發現：主動認錯，不僅不會讓自己丟臉，還可以讓自己獲得更多的善意與理解，再講白一點，就是將對方可能指責你的引信拆掉。

你敢說別人不想聽的真話嗎？

我們希望別人跟自己講真話，卻不喜歡別人真的跟自己講真話。

西漢後期，漢成帝執政以後，重用自己以前的老師張禹，並且封張禹為安昌侯。但是，張禹是個道貌岸然的偽君子，實際上貪婪淫奢，百姓都對他深惡痛絕。

朱雲是一個敢怒敢言的官吏，他當著滿朝文武的面前，向漢成帝慷慨陳詞：「有一個大臣，只圖一己之利，上不能輔佐君主，下不能益於百姓，惹得民怨沸騰，微臣請陛下殺一儆百，斬一奸佞之人，以平民怨，以儆效尤！」

漢成帝好奇的問：「哦？竟然有這種事！不知你要斬的奸佞之臣是何人？」

朱雲上前一步，毫不猶豫的說：「恕臣大膽，就是安昌侯張禹！他……」

正當朱雲準備陳述張禹的罪狀的時候，漢成帝頓時龍顏大怒：「你這個逆臣，竟然敢公然在朝堂上侮辱我的老師。來人啊，給我拉出去，斬首！」

在一旁欲言又止的左將軍辛慶忌摘去官帽，解下將軍的大印，雙膝跪地，對著漢成帝說：「陛下息怒！朱雲狂放不羈，說話喜歡直來直往，今日他進諫也是為民著想，並沒有惡意。陛下為何不查明真相之後，再做判決呢？今日，我願以死相救！」

說罷，辛慶忌連連叩頭，磕破了額頭，鮮血染紅地面。漢成帝覺得有理，就立刻收回成命，並且派人查證張禹之事，不再追究朱雲的過失。

後來，有些人提議把折斷的欄杆修整翻新，漢成帝連忙阻止：「欄杆不用修了，把那些壞掉的部份收拾一下就可以了。我要讓大臣們都知道，朱雲和辛慶忌直言進諫的事蹟。這種人，是我一直都需要的！我差一點犯下一個不可挽回的錯誤！」

其實，對於漢成帝而言，可以及時轉變觀念，吸取教訓，控制自己，虛心納諫，並且以欄杆勿修，以示警戒，更是難能可貴。

任何時候，都別低估人性

通常敢說別人不想聽的真話的人，都沒有肚量去聽別人想跟他說的真話。

「有所不為」的底線哲學

所謂的「底線」，就是「有所為」與「有所不為」之間的界線。

為人也好，處世也罷，都離不開底線，即使再精明的人，都無法將它拋棄。無論什麼事情，都需要一個基礎。這個基礎可以是有形的，也可以是無形的，這就是底線。楊震是東漢時期的名人，做官期間，為政清廉，善於發掘人才，王密就是其中一個。起初，王密只是荊州地區的一個名士，後來受到楊震的重用，擔任山東昌邑縣縣令，因此，王密一直想尋找機會來報答楊震對他的知遇之恩。兩年之後，楊震調任山東萊太守，王密覺得這是一個再好不過的機會，因此盛情邀請楊震在上任途中務必要到昌邑敘舊。臨行前的晚上，楊震正要入睡，王密推門進來，一邊掏出十斤黃金，一邊客氣的說：「沒有您，今天也就沒有我，這是我的一點心意……這既不是行賄受賄，也不是買官鬻爵，您就放心收下吧……現在這麼晚了，沒有人會知道這件事！」

楊震見狀，不禁心生怒氣，訓斥王密：「你不要再說了，今天的事情，已經天知、地知、你知、我知，怎會沒人知道呢？」

每個人的底線都是共同的

每個人的做人處世方式風格迥異，但是底線卻是共同的。底線是衡量標準的座標，守住底線，是成就一切的基礎，否則，就會像守不住底線的王莽一樣，沒什麼好的下場。

王莽乃一代重臣，曾經深受同僚和百姓的愛戴，但是最後卻沒有善終，其實，原因就出在王莽擔任大司馬，兼管軍事令及禁軍，可謂享盡榮華富貴。但是，他卻沒有守住自己的底線，逐漸的，他陶醉在溜鬚拍馬之中，開始不滿足於屈居人下。

於是，最後他透過篡位來獲取利益，但是，事實證明他錯了，死後還留下終身罵名。

任何時候，都別低估人性

做人最困難的就是不論面對任何威脅利誘都要守住自己的底線，因此，當我們遇到有人一而再再而三地想挑戰我們底線時，不妨在守住底線的前提下，給對方一個「假底線」來敷衍對方。

不要自作聰明，才不會聰明反被聰明誤

記住自己的底線，瞭解自己應該做什麼，就不會聰明反被聰明誤。

中國人經常習慣於把道德當作衡量標準，「暗室虧心，神目如電」就是在提醒我們要恪守自己的底線，不要輕易的違背。有一天，主人吩咐木匠師傅，選用最好的木材，建造一座結實的木屋。主人並沒有說明木屋的用途，只是再三叮囑木匠師傅一定要用心的建造。

木匠師傅卻暗自揣測，主人把木屋建在荒野上，門前還開墾幾十畝荒地，根本不需要最好的木材，只要可以支撐一陣子，也就萬事大吉了。於是，木匠師傅決定挑選朽木殘椽來建造這座木屋。後來，主人終於說出建造木屋的原因，他要把這座木屋和門前的荒地全部賞賜給木匠師傅。

為主人辛苦半生的木匠師傅，憑著自己高超的手藝，為主人建造無數的木屋。但是，最後為自己建造木屋的時候，卻建造一個次級的木屋。

記住自己的底線，瞭解自己應該做什麼，不應該做什麼，就不會像自作聰明的木匠師傅一樣，聰明反被聰明誤。在做自己應該做的底線以內，完成自己的目標和行動，才可以立於不敗之地，這就是人生最大的享受。

不是自己的功勞，千萬不要搶

如果你搶了別人的功勞，等到真相大白的時候，你不僅會丟掉自己的面子，還會失去別人對你的尊重，況且，搶別人的功勞，並不是成功的捷徑。

有一個研究所的所長，負責研究一個課題，但是他因為行政事務繁多，所以沒有把全部的精力放在課題的研究上，而是由他的助手幫他完成。因此，當記者爭相採訪那個所長，這個所長卻對記者說：「這項研究的成功，是我的助手的功勞，榮譽應該是屬於他的。」

做人就要坦蕩，不是自己的功勞，就不要挖空心思去佔有。這是我們要守住的最基本底線。

任何時候，都別低估人性

不搶功，只會讓別人對你更敬重，而且這也是自己做人的基本底線，讓自己立於不敗之地。

你要懂得保全別人的面子

保全別人的面子，別人就會對你表示感激之意。

批評所帶來的羞憤，經常會讓對方的情緒低落，並且對於應該矯正的錯誤，沒有任何的好處。想要真正的感染別人，讓別人同意你的觀點，並且願意按照你說的話去做事，這需要富有表現力和說服力的氣質。

說服對方，講求詞語的錘鍊、聲音的和諧、句式的選擇，以及採用巧妙的肢體語言，以達到感染別人和愉悅別人的目的。一個人在工作中是否有人緣，是否善於和同事們打交道，是否可以按照自己的願望來完成工作的目的，取決於是否可以順利完成思想、感情、意見的交流過程。或許你經常會有這樣的困惑，自己工作很賣力，工作能力也不比別人差，卻總是不受到主管的注意和賞識。久而久之，你就會對自己產生懷疑，是不是自己不夠好？其實，並非如此，原因可能就在於你不善於溝通，不會用溝通去增強自己的攻勢。

能否巧妙的運用修辭，以優美的語言來感染對方，增強語言的說服力和感染力，關係到你是否可以展開攻勢。所謂的攻勢，就是用強勢的態度來迫使別人服從嗎？

每個人都有尊嚴

常言道：「得饒人處且饒人。」每個人都有尊嚴，任何人都沒有權力去踐踏別人的尊嚴。如果你仗著自己有理，嚴厲的苛責別人的過錯，完全不顧及別人是否可以接受，只會讓別人覺得你得理不饒人。

對別人的態度做寬大的理解，就可以減少自己對別人的傷害。有時候，保全別人的面子，就可以更好的解決彼此之間的問題，別人也會對你的「口下留情」，表示感激之意。

任何時候，都別低估人性

每個人都有做錯事和說錯話的時候，為了保全自己的面子，許多人會為自己的行為尋找各種藉口，但如果不講究方式，直言相對，只會讓事態變得更嚴重。

該裝糊塗，就不要打破砂鍋問到底

對於無傷大雅的問題，我們可以選擇裝糊塗。

一家商場來了一個顧客，要求退換自己買的一套西裝，店員檢查這套西裝，發現有清洗過的痕跡。但是，如果直接向顧客說明這一點，顧客絕對不會承認自己的過錯，這樣一來，雙方可能會發生爭執。

於是，這個店員說：「我很想知道，你的家人是否曾經把這件衣服送到乾洗店？不久之前，我也曾把一件新衣服放在客廳的沙發上，結果我丈夫沒有注意，把這件新衣服直接丟進洗衣機裡。我懷疑你是否也會遇到這種情況，因為，這件衣服確實有清洗過的痕跡。如果你不相信，你可以跟其他的衣服比一比。」

顧客比較之後，知道自己無法辯駁，只好順水推舟，收起衣服離開商場……一場可能的爭吵，就這樣化解了。

何必給別人難看

當別人跌倒的時候，遞一隻手給對方，不僅可以得到屬於自己的成功，還可以得到別人對自己的尊敬。但是，有些人卻無法認識這個事實，最後把一件好事弄得不歡而散。

老王是一個喜歡表現的人，在一次同事之間的聚會上，每個人都談論起自己的母校。新來的小孫，為了自己的面子，謊報自己的學歷。但是，老王卻熟知這個學校，為了表現自己，不斷的逼問小孫關於學校的情況。結果呢？當然是小孫的謊言被拆穿，聚會也因此不歡而散。一件快樂的事情，就因為老王的不懂進退，進而導致事情急轉直下。不僅如此，還傷害同事之間的感情，何苦呢？

任何時候，都別低估人性

在日常生活中，朋友之間的思想和觀念，難免有所不同。對於無傷大雅的問題，我們可以選擇裝糊塗，並且一笑置之。如果真的必須點破，就必須要有掌握分寸的心計。

你要懂得推銷自己

想要讓自己獲得矚目，就要讓自己金口常開。

很多新人在工作一段時間後，雖然已經做出許多成績，卻不被主管和同事知曉，因為他們不願意宣揚。他們認為，自己初來乍到，應該低調一點，不可以鋒芒畢露，但是他們卻不知道，應該適時展示自己的優點，才能讓別人注意到自己。

金口常開，輕鬆升官發財

有一些新人，由於羞怯或膽小，進而埋沒自己的才華，實在是可惜。做為一個新人，應該充份的認識到自己的優點，並且大膽表現自己的優點，把自己推銷出去。身在職場之中，一定要充份的顯露自己的才華，千萬不要坐等伯樂的出現，因為，只有懂得成功推銷自己的人，才會獲得屬於自己的成功。剛到公司上班的小婷負責商標設計的工作，經常夜以繼日的加班，直至最後定稿。從自己的設計中，小婷可以獲得足夠的滿足與自我的肯定，或許正是因為這個原因，老闆完全沒有注意到她作為整體設計所發揮的具體功用。

於是，小婷只好拿著與別人相同的薪水，卻做著比別人高出數倍壓力的工作。

被動的等待別人的發現，是一種非常愚蠢的做法，特別是等待你的主管來發現。在他們的頭腦中，有許多事情要考慮，有許多關係要處理，對於你的工作態度，雖然他們看在眼裡，但如果要指望他們可以明白你的需要，那可是天方夜譚。

聰明的做法是：在主管肯定你的敬業精神之後，適時的說出你真正的需要，這樣一來，反而會讓他們覺得你是一個瞭解自己和充滿自信的人。

任何時候，都別低估人性

「低調」只是告誡我們不要妄自尊大，而不是要我們一直受委屈。在工作上，除了努力工作以外，更應該讓主管知道我們如何努力工作，不要相信努力就會有結果，要知道不會向老闆推銷自己的人，永遠無法得到自己應該有的回報。

用「蜂蜜」當做滋潤別人心靈的武器

如果你對我握拳頭，我的拳頭就會握得比你更緊。

早在一百多年以前，林肯就引用過一句話：「一滴蜂蜜比一加侖膽汁，可以捕獲更多的蒼蠅。」我們從這句話之中，可以學到與別人相處的秘密。聰明的做法，就是用一滴蜂蜜去潤澤一個人的心靈。當你對別人生氣的時候，或許你暫時會感到解脫，別人卻會難以接受。你這種充滿火藥味的態度，只會樹立許多的敵人。

好話可以化解仇恨

美國前總統威爾遜曾經說：「如果你對我握拳頭，我的拳頭就會握得更緊。但是，如果你對我說：『讓我們坐下來交流一下，看看為什麼我們會意見不一。』就會發現，我們並沒有多大的分歧。而且，在大多數的地方，我們的看法還是一致的。所以，只要我們耐心的交流，以誠待人，就可以互相理解。」

美國著名企業家小約翰・洛克菲勒就很明白這個道理。一九一五年，科羅拉多州的大罷工，已經持續兩年的時間。工人們都非常生氣，紛紛要求煤炭鋼鐵公司增加薪水，而這個公司的老闆就是洛克菲勒。

然而，洛克菲勒先用幾個星期的時間去和工人們交朋友，然後，為憤怒的工人們發表一場激動人心的演說，大罷工就這樣被神奇的平息了，許多人因此對洛克菲勒崇拜不已。

洛克菲勒的演說是這樣開場的：「今天是值得我一生紀念的日子，我非常榮幸的跟這一家公司的工人們齊聚在一起。在兩個星期之前，我們彼此還不熟悉，我只認得你們其中的幾個人。但是，上個星期我拜訪了所有的工人宿舍，因此，今天我們再見面，就已經不是陌生人，而是非常好的朋友，以後我們將彼此互敬互愛……」

這是一個好話可以化解仇恨的很好例子，換言之，如果當時洛克菲勒和工人們爭辯，甚至用邏輯推理得出自己正確的結論，最後只會出現讓工人們鬧得更凶的結果。

做人賊一點，吃虧小一點

當你對別人生氣的時候，或許你暫時會感到解脫，但別人卻會難以接受，賊一點的做法是在該對別人生氣的時候，克制住自己的情緒，讓別人反過來對你不好意思。

一個人在工作中是否有人緣，是否善於和同事們打交道，是否可以按照自己的願望來完成工作的目的，取決於是否可以順利完成思想、感情、意見的交流過程。

第八輯：你要知道別人喜歡聽什麼？

對牛彈琴的結果頂多不過是白費點力氣，可你的交流對象是人，是你有求於人的人，因此，做人有點賊的人，深知在「說」之前，要明白，對方想聽什麼、愛聽什麼、最需要什麼，否則，說了還不如不說。

別自卑，出身不能代表未來

我們沒有選擇出身的權利，但是有讓自己人生更有價值的權利。

美國歷史上第一個獲普利茲獎的黑人記者伊爾・布拉格在小的時候，父親帶他去參觀凡・高故居，在看過那張小木床及裂了口的皮鞋之後，他問父親：「凡・高不是位百萬富翁嗎？」

父親答說：「凡・高是位連妻子都無法娶的窮人。」

第二年，父親帶他去丹麥，在安徒生的故居前，他又困惑的問父親：「爸爸，安徒生不是生活在皇宮裡嗎？」

父親答說：「安徒生是鞋匠的兒子，他就生活在這棟閣樓裡。」

二十年後，布拉格在回憶這段童年往事時，說道：「那個時候，我們家很窮，有很長一段時間，我一直認為像我們這樣地位卑微的黑人，是不可能有什麼出息的。好在父親讓我認識了凡・高和安徒生……因為，這兩個人告訴我，上帝沒有看輕窮人。」

的確，上帝從不區分出身的高低，所以，即使你的出身和過去的經歷沒有任何值得驕傲的地方，也可以成就未來的輝煌。

林肯在他當選總統的那一刻，整個參議院的議員都感到尷尬，因為林肯的父親是個鞋匠。當時的參議員大都出身名門望族，怎可容忍自己要面對的總統是一個卑微鞋匠的兒子。

所以，當林肯首次站在參議院的演講台上時，一個態度傲慢的參議員便羞辱他說：「林肯先生，在你開始演講之前，我希望你記住，你是一個鞋匠的兒子。」台下的參議員們哄笑了起來。

林肯並沒有因此惱怒，他平靜的對大家說：「我非常感謝你使我想起了我的父親。他已經過世了，我一定會記住你的忠告，我永遠是鞋匠的兒子，我知道我做總統永遠無法像我父親做鞋匠那樣做得出色。」說到這裡，林肯流下眼淚，頓時，所有的嘲笑聲變成一陣陣的掌聲。

我們沒有選擇出身的權利，但是有讓自己人生更有價值的權利，卑微的出身不能代表一切，它給我們帶來的只是激勵和勇氣。

任何時候，都別低估人性

只有堅信自己，才會有美好的明天。唯有自信的人才可以在這個不自信的世界裡，創造出自己的輝煌。

在關鍵時刻抓住別人的眼光

抓住關鍵人物的眼光，才可以在關鍵時刻將自己「賣」出去。

在職場上，存在感很重要。最重要的不在於你做過多少重要的事，而是在別人眼裡，你有多重要。在事業或是工作上遇到了瓶頸，光是坐在那裡唉聲嘆氣是沒有用的，有誰會去關懷一個懷才不遇、滿腹委屈卻又光說不練的人？其實只要動動腦筋，就有很多機會可以突破，其中最有效的辦法，就是抓住關鍵人物的眼光。這關鍵人物可以是面試時的主考官、自己的主管或老闆、有訂單決定權的顧客……只要他願意「抬愛」一下，只要一臂之力就可以讓我們脫困。

有許多成功的名人，如果得知他們最初潦倒的情景，你可能會嚇一跳，不敢相信這些名人竟然也會有這麼慘的時候。為什麼他們前後的境況差別如此之大呢？說穿了，那就是最初還沒有抓住關鍵人物的眼光，將自己順利「推銷」出去。

現代藝術之父，法國畫家塞尚為了推銷一幅洋溢著耀眼陽光的畫費盡苦心，最後，竟然是有經紀人透過藝評家，在媒體上大做文章：「懷孕的婦女，請不要在這幅畫前逗留太久，以免肚中的孩子會得黃膽！」於是，民眾們瘋狂擠入畫廊。爭著看這幅會讓「懷孕婦女受害」的名畫。

如何將自己推銷出去

其實，想要將自己推銷出去，就要將「四賣」運用自如。那麼，究竟是哪四賣呢？第一、瞭解自己的賣點；第二、提高自己的賣相；第三、掌控適當的賣價；第四、採用最佳的賣法。然而，以上這「四賣」絕對是息息相關，互相牽扯糾葛。商品需要行銷，人也是如此。去面試，一定要先瞭解公司的背景，弄清楚對方需要什麼樣的人，然後，再針對這些搜集來的資訊，找出你最符合這些需要的理由。即使已經有穩定工作了，也要懂得在公司內部對自己進行行銷。弄清楚最近公司的需求是什麼，哪些方面是自己可以有所作為的。

任何時候，都別低估人性

找出自己的優勢，就可以瞭解自己賣點，否則，只是低廉的爭賣價，憑什麼說服買家！

貴人其實就藏在你身邊

在適當的時機，任何一個普通人都可以扭轉乾坤，進而成為你的大貴人！

一天，朱元璋來到寺廟裡，一路奔波，又渴又累。跟隨朱元璋的一個七品武官善解帝意，在朱元璋口渴的時候，泡了一杯好茶獻了上來。朱元璋喝完茶後，感覺神清氣爽，一高興便把這武官連提了三級，官至四品。同行一個七品文官見此情景，隨口吟了兩句詩：「十年寒窗苦，不如一盞茶。」

朱元璋一聽，立刻續了兩句：「他才不如你，你命不如他。」

所謂「貴人」就是在特定的時機出現，而且可以適時改變你人生道路的的人。對於這武官來說，朱元璋就算是他的貴人。「朝裡有人好做官」、「大樹下面好乘涼」……這些諺語都說明了貴人的重要性，所以努力尋找你的貴人吧！因為貴人不僅有實力，還有經驗、閱歷，能給我們物質上的幫助、機會的提供、思想觀念的啟迪、以及潛移默化的影響。

那麼，我們的貴人在哪裡呢？

根據《華爾街日報》針對人力資源主管與求職者所進行的一項調查顯示：九五％的人力資源主管和求職者是透過人脈關係找到適合的人才和工作。因此，只要你留意並建立好人脈關係，就會發現生活中從來不缺貴人，他們既可能是你的老闆、主管，也可能是你的朋友、同事，甚至是萍水相逢的陌生人。農夫養了一群羊，裡面有一隻小黑羊，農夫有點討厭牠，常給牠吃最差的草料，有一次，羊群外出吃草，不料突然下起了大雪，因為四處雪白，農夫根本看不清羊群在哪裡。後來，農夫看見遠處有一個小黑點——正是那隻小黑羊，整個羊群才得救。

你討厭的人，可能是你的貴人

每個人都有可能是自己的貴人，包括你原本討厭的那隻「小黑羊」，因此，要善待身邊的每一個人。不僅是因為透過他們，可以找到自己的貴人，更多的可能是，山不轉路轉，說不定哪天他們就會成為你苦苦尋找的那個可以改變你命運的貴人。

任何時候，都別低估人性

不僅僅機會存在於我們身邊，能幫助我們成功的貴人也經常就在附近，因此你要善待你身邊的每個人，尤其你越討厭的人就越要善待他。

你要知道別人喜歡聽什麼?

想要讓人接受,就要把話說進別人的心裡去,求人做事更要如此。

求人時,與其一上來就懇求對方,不如先想想自己怎樣才可以引起對方的興趣,讓對方樂於幫忙。如今的社會裡,不求人做事是不可能的。既然有求於人,就難免要在別人面前低低頭,還少不了看人臉色,放下自尊去討好別人。美國神學院的學生畢業之前,必須到鄉村教會去當一段時間的牧師。今年就要畢業的湯姆,他的成績和各方面表現都非常突出。他希望自己能找個以牧業為主、生活非常艱苦的村莊去擔任牧師。

沒多久,湯姆如願以償,到了一個很偏僻落後的村莊當了牧師。為了使那裡的人們接受自己,進而使得人們可以領會神的旨意,湯姆準備召開一個佈道大會。

但令湯姆失望的是,他等了足足一個上午,卻沒有一個村民來聽他的佈道大會。湯姆有些心灰意冷,準備將佈道大會取消。就在這個時候,來了一個小牧童,於是湯姆向牧童徵詢意見,結果牧童說:「親愛的牧師先生,要不要取消大會,我不知道。但我知道一件事,在我所養的一百隻羊中,即使迷失了九十九隻,我還是要養最後一隻。」

湯姆頓有所悟，決定大會如期舉行。湯姆使出渾身解數，對這個牧童全力進行灌頂，想不到不久之後，牧童竟然睡著了。

湯姆非常難過，卻又不好意思叫醒牧童，結果他又等了整整一個下午。到了黃昏，牧童醒了，湯姆就迫不及待的問牧童：「你為什麼睡著了，難道我講得不好嗎？」

牧童回答說：「親愛的牧師先生，你講得好不好，我不知道，但我知道，當我在養羊的時候，絕對不會拿我最喜歡吃的漢堡給羊吃，而是拿羊最想吃的牧草給牠吃。」

對牛彈琴的結果頂多不過是白費點力氣，可你的交流對象是人，是你有求於人的人，因此，你要知道別人喜歡聽什麼？

做人賊一點，吃虧小一點

做人有點賊的人，深知在「說」之前，要明白，對方想聽什麼、愛聽什麼、最需要什麼，否則，說了還不如不說。

讓別人有一種受到重視的感覺

與顧客聯絡感情，促進人際關係，是一個偉大推銷員擁有的最大財富。

喬・吉拉德被譽為世界上最偉大的推銷員，他講過這樣一個故事：

記得曾經有一次，一個中年婦女走進我的展銷室。說她想在這裡看看車打發一些時間。閒談中，她告訴我，她想買一輛白色的福特車，就像她表姐開的那輛，但對面福特車行的推銷員讓她過一小時後再去，所以她就先來這裡看看。

她還說這是她送給自己的生日禮物：「今天是我五十五歲生日。」

「生日快樂！夫人。」我一邊說，一邊請她進來隨便看看，接著出去交代了一下，然後回來對她說：「夫人，您喜歡白色車，既然您現在有時間，我給您介紹一下我們的雙門轎車——也是白色的。」

我們正談著，女秘書走了進來，遞給我一打玫瑰花。我把花送給那個婦女：「祝您生日快樂，尊敬的夫人。」顯然她很受感動，眼眶都濕了。

「已經很久沒有人給我送禮物了。」她說，「剛才那個福特推銷員一定是看我開了部舊車，以為我買不起新車，我剛要看車，他卻說要去收一筆款，於是我就到這裡來等他。其實，我只是想要一輛白色車而已，只不過表姐的車是福特，我也想買福特，現在想想，不買福特也可以。」

最後她在我這裡買走了一輛新車，其實，從頭到尾我的言語中都沒有勸她放棄福特的語句。只是因為她在這裡感受了被重視，才放棄了原來的打算，轉而選擇了我的產品。

相信有許多人學過諸如推銷經典之類的課程，但是他們卻沒有成功，因為生活是多彩的，顧客是多樣的，銷售方法也同樣是多種的，與顧客聯絡感情，促進人際關係的提升，是一個偉大推銷員擁有的最大財富。

任何時候，都別低估人性

懂得做人的人，不會一開口就向別人推銷東西，而是先讓別人有一種受到重視的感覺。

想要戰勝對手，需要的不僅僅是實力

如何讓自己更強，才是你需要苦練戰勝對手的根本。

在做事的過程中，在奪取冠軍的道路上，有無數的坎坷與障礙需要我們去跨越、去征服。不要在乎對方是不是跑在你前面，你真正需要的是認真思考，走自己該走的路！

一個搏擊高手參加錦標賽，自以為穩操勝券，一定可以輕鬆奪得冠軍。出乎意料，在最後的決賽中，他遇到一個實力相當的對手，雙方竭盡全力出招攻擊。打到中途，搏擊高手意識到，自己竟然找不到對方招式中的破綻，而對方的攻擊卻經常可以突破自己防守中的漏洞，有效的打中自己。比賽的結果可想而知，搏擊高手慘敗在對方手下，也失去了冠軍的獎盃。他憤憤不平的找到自己的師父，一招一式的將對方和他搏擊的過程再次演練給師父看，並請求師父幫他找出對方招式中的破綻。他決心根據這些破綻，苦練出足以攻克對方的新招，然後在下次比賽時打倒對方，奪回冠軍的獎盃。

師父笑而不語，在地上畫了一道線，要他在不能擦掉這道線的情況下，設法讓這條線變短。搏擊高手百思不得其解，怎麼會有像師父所說的辨法，能使地上的線變短呢？最後，他無可奈何的放棄了思考，轉向師父請教。

師父在原先那道線的旁邊，又畫了一道更長的線。兩者相比較，原先的那道線，看來變得短了許多。師父開口道：「奪得冠軍的關鍵，不僅僅在於如何攻擊對方的弱點，就像地上的長短線一樣，如果你不能在要求的情況下使這條線變短，你就要懂得放棄從這條線上做文章，尋找另一條更長的線，那就是只有你自己變得更強，對方就如原先的那道線一樣，也就在相比之下變得較短了。」想要戰勝對手，需要的不僅僅是實力，還需要智慧。而如何讓自己更強，才是我們需要苦練的根本。

做人賊一點，吃虧小一點

要學會用腦袋，以自己之強攻擊對手的薄弱環節，同時要懂得放棄，不跟對方硬拼，才是做人賊一點的終極表現。

萬分之一的可能性也不放棄

看似渺茫的萬分之一機會，卻經常能決定你做事的成敗。

或許有人會認為，只有傻瓜才會相信萬分之一的機會能成功。但是只要抓住這萬分之一的機會，就等於邁進了成功的大門。二十世紀的美國人有一句俗諺：「通往失敗的路上，處處錯失了的機會；坐待幸運從前門進來的人，經常忽略了從後窗進入的機會。」

美國丹維爾地方的百貨業鉅子約翰·甘布士的經驗之談極其簡單：「不放棄任何一個哪怕只有萬分之一可能的機會。」有一次，甘布士得到一個發展機會，需要立刻趕到紐約，但那時恰值耶誕節前夕，到紐約度假的人很多，很難購到火車票。甘布士夫人打電話去火車站詢問：是否還可以買到這一天的車票？車站的答覆是：「全部車票都已售光。不過，如果不怕麻煩的話，可以帶好行李到車站碰碰運氣，看是否有人臨時退票，不過這種機會或許只有萬分之一。」

甘布士欣然提了行李，趕到車站去，就如同已經買到了車票一樣。他到了車站，等了許久，還是沒有人來退票，這個時候火車快要開了，但是，甘布士還是耐心等待著那「萬分之一的機會」。就在距開車時間還有五分鐘的時候，一個女人因家中臨時有事匆忙趕來退票，甘布士買下那張車票，搭上了去紐約的火車，正因為他的不放棄和堅持讓他得到那個發展的機會。

機會總是在霎時間與你擦肩而過

如果想成功的人應該重視那萬分之一的機會，因為它將給你帶來意想不到的成功。有人說，這種做法是傻子行徑，比買獎券的希望還渺茫。但成功人士卻不這麼想，他們認為開獎是由別人主導，但這種萬分之一的機會，卻完全靠你自己的努力去完成。愛迪生試製燈泡如此，甘布士的堅持也是如此。機會總是在霎時間與你我擦肩而過，珍惜了，或許就成功了一半，但是如果猶豫了，失去的可能不僅僅是這一次機會，很多東西都隨之丟失了。

任何時候，都別低估人性

不放棄萬分之一可能的機會，努力將它變成成功致富的珍貴機會，這就是成功人士們對待機會的態度。

用「我們」來經營你的人際關係

一個人的成長不能遠離群體，因為沒有誰可以獨自成功。

做人要量力而行，而不是苛求自己。在日常生活中，有許多滿懷雄心壯志的人，毅力也很堅強，但是他們卻一直沒有取得成功，這並不是因為他們沒有努力，而是他們給自己確立的目標不是自己孤身一人就可以完成的，但卻不願意去尋找別人的幫助。

成功者的秘訣是隨時檢視自己的選擇是否需要援助，一個成功的企業家曾表示，自己和那些成功的前輩一樣，未必在專業上多麼出眾，而是因為他們瞭解在遇到困難時，懂得放棄無謂的自尊，向別人尋求幫助。

如果認真觀察你會發現，在職場混得風生水起的人，經常都在說「我們」，而剛踏入社會的年輕人，最常掛在嘴邊的卻是：「你、我、他、你們、他們」，而這樣不自覺的就在自己和「別人」之間畫了條清晰的分界線。

要多用「我們」

與人交往這門學問，人們大多是在走上社會後才學到些皮毛，例如：要多用「我們」，因為這樣可以增加別人的認同感，拉近我們和別人的距離。這樣一來，「我們」越來越多，「別人」就會越來越少，過去讓我們害怕的人群好像也變得友善了。

我們永遠無法真正瞭解別人，弄不清他們對待與自己不同的「別人」會是什麼態度。所以，我們不得不學會自我保護——丟掉半個自己。也就是丟掉自己一半的個性，把半張臉畫成毫無個人特色的與眾人皆同的模樣，把半邊身體的稜角磨平，讓它和別人同樣圓潤。

我們這一輩子要通過好多由「別人」把守的路口，為了不讓別人因為覺得我們這個人「非我族類」，而拒絕發給我們「通行證」，我們必須得在某些方面讓自己看起來和「別人」是一致的，也就是即便必須「同流合污」，也要逼自己融入由「別人」組成的群體。

任何時候，都別低估人性

如果想要在職場生存下去，就一定得明白，在「融入群體」的前提下，有時候「同流合污」，會比「脫穎而出」重要得多。

人際關係，你的職場生存工具

一個人要成功，人際關係是否協調，是一個很重要的考量。

一個人的人際關係狀況，很大程度上取決於是否有個好人緣，人緣的好壞直接影響到工作、學業、生活順暢與否，更關係到求人做事能不能順利的達到目的。

有一份專門針對企業管理者的報紙曾提出這樣一個問題：「請審閱你公司最近解雇的三名員工的資料，然後回答：你為什麼要他們離開？」

無論是什麼樣的企業，無論在哪裡，有六〇％的回答是：「他們是因為與別人相處不好，破壞辦公室氣氛而被解雇的。」

美國某大鐵路公司前任總裁史密斯說：「鐵路的成份九五％是人，五％是鐵。」

無論你從事哪一行，或從事何種職業或專業，學會處理人際關係，你也就走在成功的路上了。人際關係可以助我們成功，也可以使我們失敗。我們與同事、主管及雇員的關係，是我們工作成敗的重要原因。除非一個人與別人有良好關係，否則任何技術知識與技能都不能讓他得心應手，發揮自如。

與別人交談當中，推銷自己

所以，無論你從事著什麼樣的職業，都不能放鬆人際關係的管理。在現實生活中，如何進行交往是有許多技巧和經驗可循的，例如，與別人交談的時候，盡可能的推銷自己。當別人問你是做什麼的，比較得體的回答是：「我在一家電腦公司負責軟體的開發工作，平時閒暇時，經常打打乒乓球、羽毛球，並且熱愛寫作。」在短短幾秒鐘時間裡，你不僅讓你的回答增添了色彩，也為對方提供了幾個話題。

另外，你可以與關係網絡中的每個人保持積極聯絡，你可以記下那些對自己的關係特別重要的別人的特別日子，例如生日或周年慶祝等。然後，在這些日子打電話給他們，讓他們知道你心中想著他們。

任何時候，都別低估人性

不要花太多時間維持對自己沒什麼益處的「老關係」，這並非忘恩負義，也不是教你翻臉不認人，只是過多維持對自己沒什麼好處的「老關係」，確實是太浪費時間了。

要實際，但不要勢利

其實，「勢利眼」是藏在每個人心中的「第三隻眼」。

金鱗不是池中物，一遇風雲便化龍。每個人都是一條蟄伏的龍，需要的只是等待屬於他的時機。不要小看任何人，或許某天你眼中落魄潦倒的人，搖身一變，就會青雲直上。

勢力眼只會讓你錯失良機

宋代大文豪蘇東坡平生喜歡訪僧問禪，有一次他脫掉官服，換上便衣到某座寺廟中去遊玩拜會。方丈看到來人貌不出眾，穿戴尋常，坐在自己位置上沒有動，只是懶洋洋的抬手讓小和尚給蘇東坡看座，淡淡的打了個招呼：「坐，茶。」

蘇東坡看到方丈如此怠慢自己，有些不高興，便想戲弄一下這個以衣冠取人的僧人，於是吩咐站在一邊的小和尚：「取善簿來。」意思是要捐獻一些香火錢。

善簿取來以後，蘇東坡當著方丈的面，提筆寫道：香火錢一百兩。方丈在旁邊伸著脖子看到，心中一喜，熱情的站了起來：「請坐。」又吩咐小和尚：「上茶。」

蘇東坡一笑，又在善簿上落款：東坡居士蘇軾。那方丈一看嚇了一跳，他沒想到眼前這個看似尋常的人，竟然是名播天下的大學士蘇軾，急忙向他深施一禮，滿臉堆笑的說：「請上坐。」又急忙吩咐：「快快，上好茶。」

兩人落座以後，方丈素聞蘇東坡詩詞書畫冠絕天下，千金難求，於是，藉這個千載難逢的機會，請他為廟裡題字。

蘇東坡爽快的答應了，信筆在備好的紙上寫下了一聯：「坐，請坐，請上坐；茶，上茶，上好茶。」

故事到這裡就完了，大家都會感嘆蘇軾的智慧，取笑老方丈的勢利，覺得老方丈勢利眼，沒眼光，以貌取人，當然得到一番戲弄。

任何時候，都別低估人性

不過，有時候，做人實際一點、勢利眼一點，也未嘗不是做人的一種方向。

二十世紀的美國人有一句俗諺：「通往失敗的路上，處處錯失了的機會；坐待幸運從前門進來的人，經常忽略了從後窗進入的機會。」

第九輯：你應該在關鍵時刻及時調整目標

做人懂得「有點賊」的人，不會死守著當初信誓旦旦所立下的目標，因為，他們深知如果當初所設定的目標出現問題，一定要及時更換，如此才可以讓自己更接近成功。

當別人對你提出忠告的時候

無論正確與否，都必須先接受，否則，別人以後就不會再向你提出忠告。

每個人在待人處世上，難免會有一時疏忽。這個時候，如果有人可以提醒我們，應該衷心感激他們。但是，許多人對於忠告，總是會產生反抗心理，進而導致原有的關係破裂。在這種情況下，如果還是有不顧後果而提出忠告的人，一定是對我們懷有深厚感情的人。

但是，如果你接受忠告的時候，自己的態度不夠坦然，將會讓你的朋友棄你而去。從另一個角度來說，提出忠告的人也可以從你的態度中，得知你是否是一個坦誠而直率的人，如果你是一個謙虛的人，一定可以接受任何的建議。具體而論，接受別人的忠告，必須照單全收，無論正確與否，事後再加以選擇，只有智者，才可以從別人的忠告中，得到許多的好處。

若是別人的忠告是正確的，我們應該誠懇的道歉，譬如，「啊！是我疏忽了，非常的抱歉，我一定立刻改進。」「對不起，這是我的錯，請你原諒我。」如果你可以誠心的道歉，對方一定會原諒你。

別替自己尋找藉口

另外，不能逃避責任，當別人對你提出忠告的時候，如果你只是一味的辯解，或是想要掩飾自己的錯誤，就會無法找到正確的解決方法。殊不見，有些人在犯錯之後，不僅沒有立刻悔改，反而理直氣壯的陳述自己的理由，這樣一味地強詞奪理，只會阻礙自己正常的發展人格。

有些人遇到挫折的時候，總是會自我寬恕，替自己尋找許多的理由和藉口。如果我們抱持這種態度，就會無法克服自己的缺點。

總之，對於別人的忠告，應該仔細的反省其所指責的事物。坦然的接受批評，徹底的反省改進，讓別人的忠告成為自己成長的動力，才是一個正常人應該擁有的正確態度。

做人賊一點，吃虧小一點

對於別人的忠告，千萬不要「漠然置之」，必須表現出「欣然接受」的態度，這也是做人「賊一點」必須要做的功課。

目標無論大小，找對目標最重要

每個人的精力有限，不能把自己的精力放到芝麻小事上。

有些人耗費大量的精力和時間，卻始終在錯誤中徘徊不已，原因就是分不清主次，以至於耽誤自己的前程。辛勤的工作，並不能保證一個人可以成功，如果這個人不知道自己想做什麼，就無法創造偉大的事業。目標是人們對於所期望成就事業的決心。如果沒有目標，就只能在人生的旅途中，不斷的徘徊。

有一個小和尚，每天都要去寺後的市集採買寺中所需的日常用品。其他的小和尚則被派往寺前的市集採買，路途比較平坦，距離也比較近，但是卻沒有比那個小和尚早回來。

有一天，方丈問那個去寺後市集採買的小和尚：「我叫你去寺後的市集買東西，為什麼你比其他人還要早回來？」小和尚說：「每一天，我都在路上想著早去早回，十年了，我已經養成習慣，心中只有目標，而沒有道路！」

沒有仔細規劃的習慣，只會讓自己過著粗糙的生活。成大事者的習慣之一，就是善於在自己的人生道路上，不斷的規劃！曾經有兩個磚瓦工人，在烈日下搭建一堵牆。有個路人走過來，就問他們在做什麼？

「我們在砌磚。」一個磚瓦工人回答。

「我們在修建一座美麗的劇院。」另一個磚瓦工人回答。

後來，第一個磚瓦工人砌了一輩子的磚瓦，另一個磚瓦工人卻成為一個知名的建築師。

態度決定未來

為什麼同樣是磚瓦工人，他們的成就卻有如此巨大的差別？其實，我們可以從這兩個磚瓦工人的回答中，看到他們不同的人生態度。兩個人在做同樣的工作，一個人有目標，另一個人沒有目標，這就是造成兩個人的命運迥異的根本原因。

任何時候，都別低估人性

成功人士與平庸之輩的差別，並不在於天賦，也不是在於機會，而是在於有沒有堅定的目標。

把注意力集中在一點

集中你的注意力，你就會離自己的夢想近一點。

每個人都有自己的夢想，夢想經常還不止一個。面對自己的許多夢想，你應該怎麼取捨呢？

春秋時期的楚莊王是射獵高手，幾乎百發百中。有一天，楚莊王出去打獵，原本準備射獵野鴨，但是從他的左邊卻跳出一隻山羊。楚莊王心想，一箭射死山羊比射死野鴨划算多了，於是，就把箭頭對準山羊。就在這時，突然從他的右邊跳出一隻梅花鹿。於是，他又把箭頭對準梅花鹿，但當他準備放箭時，在他的上方又有一隻蒼鷹飛過，因此讓他決定把箭頭轉而瞄準蒼鷹，豈知，這時蒼鷹已經迅速飛走，楚莊王只好回頭來射梅花鹿，但是梅花鹿早已經逃走了，楚莊王再回頭去找山羊，山羊也已經跑了，最後連野鴨都早就消失得無影無蹤。

雖然有能力和經驗，卻無法做成任何事情，原因就在於今天想做這個，明天想做那個，不知道把心思集中在一點，結果就是一事無成。

專注是成功的必備

有一個奧地利作家，曾經講述他對著名雕刻大師羅丹的感受：這位作家說，他在羅丹的工作室，看到許多未完成的雕像，而當羅丹穿上粗布衣服，就好像變成一個工人，羅丹在一座雕像前面停下來對他說：「這是我的近作。」然後，羅丹退後一步，仔細的看著。但是在審視片刻後，低語一句：「肩膀上的線條還是太粗了，對不起……」於是，拿起刮刀，輕輕的滑過黏土，「還有這裡……」又修改一下……就這樣，過了半個小時，一個小時……最後，羅丹扔下刮刀，轉身要走。當羅丹走到門口的時候，突然抬頭看到他，於是，對自己的失禮，感到無比驚惶地說：「對不起，先生，我完全把你忘記了，但是你知道……」

那個時候，這位奧地利作家終於參悟了專注到忘我的境界，是一切藝術與偉業的奧妙。

任何時候，都別低估人性

別人都會希望你可以一心多用，因為，他們都希望你最好一事無成，這就是別人比你還要賊的地方。

每一個目標，都要設定一個期限

一個沒有期限的目標，其效果是非常有限的。

我們是否可以成功，就在於是否全力以赴，想要做好某一件事情，其實並不困難，如果覺得有困難，也是因為我們不夠專注的原因。

因為，無論做任何事情，「三心二意」絕對是最大的障礙。一個人的精力有限，沒有把自己的精力投入到自己的事業上，怎麼可能獲得偉大的成功？

有些人經常給自己制定遠大的目標，但是卻不知道應該從何做起，這是因為目標的制定者，不懂得詳細的制定目標。

在此，希望你可以把自己的目標分階段實施，切忌有一步到位的想法。因為，成大事者，都有一個良好習慣，就是利用小目標，組合大目標！換句話說，所有大目標的達成，都是由小目標的達成所累積出來的。每一個成大事的人，都是在達成自己的小目標之後，才可以順利的實現偉大的夢想。

每一個成大事者，都有偉大的夢想，也有明確的目標，更有具體的期限，那麼，我們應該如何設定自己的目標呢？

首先無論你的目標是否可以實現，全部把它們寫下來。先不要設定期限，並且，從所有的目標中，選出一些要在今年達成的目標，然後，再選出一個最重要的目標，做為自己的核心目標，而所謂的核心目標，就是你在今年最想達成的目標。

每一個目標，都要有具體期限

然而，在選出核心目標之後，再把其他的目標依照優先順序加以排列，當你完成這些步驟的時候，你已經有一些非常明確的目標，而且是依照優先順序來排列的。接下來就是要制定具體的期限，每一個目標，都要有具體的期限，然後，再把每一個期限分割出每一個月的工作，這樣一來，就可以讓你的生活更有系統、更有規律。

任何時候，都別低估人性

有些人經常會問，參加一些培訓的課程，就一定可以成大事嗎？其實，並不一定可以保證你成功，但是，缺乏資訊的累積，就一定會失敗。

得到了，不一定就是好事

就算失去了，也不一定就是壞事一樁。

老子言：「禍兮福之所倚，福兮禍之所伏。」得到了，不一定就是好事；失去了，也不一定就是壞事，而且，今天你認為的「好事」，有可能變成明天的「壞事」，昨天你認為的「壞事」，也有可能變成今天的「好事」。

從前，在鄭國的西北方，有一個國家叫做胡國。

鄭武公想要併吞胡國，但是胡國人擅長騎馬和射箭，因此，鄭武公不敢輕舉妄動。後來，鄭武公想出一個計策，他派遣大臣，攜帶厚禮，前去胡國求親。胡國君主不知道這是鄭武公的計策，於是欣然答應。

鄭國公主出嫁到胡國的時候，帶去一大群的美女，每天在內宮裡歡歌醉舞，讓胡國君主沉湎於聲色犬馬中。

過了一些日子，鄭武公召集文武百官，問道：「寡人準備用兵奪地，你們看看，哪一個國家可以討伐？」有一個叫做關其思的大夫，知道鄭武公總是垂涎胡國，就上堂答道：「可以討伐胡國。」

鄭武公一聽，厲聲罵道：「混蛋，胡國乃是鄭國的親家，你竟敢慫恿我去討伐。來人啊，把他推出去斬首示眾！」

消息傳到胡國，胡國更信賴鄭國，於是邊防日弛，兵馬不操。

就在一個黑夜裡，鄭國出兵偷襲胡國，不費吹灰之力，就佔領胡國。

如果雙眼被假仁假義所迷惑，因而看不到別人假仁假義背後所包藏的禍心，就會像胡國一樣，遭受到滅亡的局面。

任何時候，都別低估人性

在職場中，吃虧總是在所難免。自以為聰明的人，一開始可能吃不到什麼虧，卻還是有付出代價的時候。

你應該在關鍵時刻及時調整目標

寧可認賠殺出，也不要死守著沒有前途和意義的目標。

任何的事情，都是充滿變數的。或許你會發現：原來的目標，並不符合自己的興趣和能力。那麼，你應該及時調整目標，不要死守著沒有前途和意義的目標。

戰國時期，諸侯紛爭，群雄爭霸。蘇秦來到秦國，希望可以在這裡有所作為。蘇秦所提倡的「連橫之術」，並沒有受到秦惠王的支持，無奈之下，蘇秦只好離開秦國。

但是，蘇秦卻沒有氣餒，反而來到弱小的燕國。這個時候，蘇秦不再提倡「連橫之術」，而是談論「合縱之術」，最後終於打動燕文侯，促成六國結盟於洹水。

蘇秦的成功與否，並不是在於他有沒有才華，而是在於他有沒有瞭解現實的情況。在秦國，雖然他的政策很有吸引力，但是秦惠王卻沒有興趣，所以他失敗了。但是，他在燕國改變自己的學說，使其適合於燕國的政策，進而得到燕文侯的賞識，所以他成功了。

看不到任何希望，就應該反省一下

自古以來，不知道有多少人因為沒有找到適合自己的工作，最後讓自己陷入痛苦的深淵。這是為什麼呢？原因在於他們沒有勇氣去找一塊肥沃的田野，只好讓自己消耗寶貴的光陰，最後還是一事無成。其實，他們應該知道，這是由於他們沒有找到適合自己的工作，但是他們還是繼續過著渾渾噩噩的日子。

如果你已經長期從事某一種職業，但還是看不到任何的希望，你就應該反省一下，從自己的興趣和能力而言，自己究竟是否走錯路？如果自己走錯路，就應該去尋找更適合自己的職業。

當然，在你重新確定目標之前，一定要經過慎重的考慮，尤其不可以三心二意。要知道目標與岔路一樣，需要你做出適當的選擇。

做人賊一點，吃虧小一點

做人懂得「有點賊」的人，不會死守著當初信誓旦旦所立下的目標，因為，他們深知如果當初所設定的目標出現問題，一定要及時更換，如此才可以讓自己更接近成功。

只要勤於思考，總有解決的方法

所有的發明創造都是從一個看似荒謬的念頭開始。

宋朝時，雕版印刷技術非常流行。杭州西山有一個被稱作「神刀王」的雕版師傅，而「神刀王」性格古怪，晚年才收下了一個窮苦的平民為徒弟，這個人就是後來發明了活字印刷術的畢昇。畢昇勤學好問，踏實勤奮，跟「神刀王」學了三年，刀功很快就有了飛速的進步，師傅也特別喜歡他。

一天，畢昇在一旁觀看「神刀王」雕刻。師傅雖然年紀大了，但是眼力和手力都很好，一絲都不抖。師傅雕到最後一行時，畢昇一不小心碰到了師傅的手臂，雕版毀掉了，只能從頭再來。師傅仁慈，一句責備的話都沒有說。

但畢昇看著年邁的師傅又在燈下一點一點的重新雕刻，心裡真不是滋味。因為自己的一個過失，師傅大半天的心血就付諸東流了，他為自己的魯莽深感不安，暗暗埋怨自己。

那天晚上，他久久不能入睡，開始琢磨能不能想一個更便捷的辦法呢？從那以後，他一直思考這個問題。一天，他看到一個畫師使用印章在畫上留下自己的名號，突然靈機一動，興高采烈的回到家，開始實行他腦子裡的改革方法。

他用膠泥做成一個個方塊，乾了以後，在上面刻上反字，一字一塊。再放到火裡把這些泥塊燒硬，最後按一定的順序排列在一個圓的大木格裡固定好。這樣，一個泥塊可以反覆使用多次，並且取用特別方便，和以前的雕版印刷相比，既省工又省時，而且只需要膠泥就行。

這個方法很快得到了推廣，中國傳統的雕版印刷徹底遭到摒棄。這種新型活字印刷術還流傳到海外，為世界文明的進步做出了傑出的貢獻。

所謂的成功和發明創造都是從一個個看似荒謬的念頭興起，人生不可能一直一帆風順，只有多多分析、參悟和思考，才會避免再一次的失敗，讓你更快的達到目的。

任何時候，都別低估人性

有時候，看起來讓我們無法解決的事情，只要勤於思考，總有解決的方法，但是在還沒找到解決方法前，千萬不要讓別人看出我們遇到難以解決的事。

留心週圍需要留心的東西，才不會錯失良機

聰明人獲得命運更多青睞，是因為他們比別人多了一雙發現機會的眼睛。

日本繩索大王島村芳雄當年只是東京一家包裝材料店的店員，有一天，他在街上散步時，發現逛街的女人，除了帶著自己的皮包之外，大多還提著一個商店送她們裝東西用的紙袋。兩天後，他到一家紙袋工廠參觀，果然，就像他所料，工廠忙得不可開交，他心想將來紙袋一定會風行全國，自己何不做現在還沒什麼人做的紙袋繩索生意。

島村雖然雄心勃勃，但身無分文，無從下手。他決定到各銀行試一試。但沒有一家銀行肯借錢給他，後來，他決定把三井銀行作為目標，但是三井銀行起初態度冷淡甚至蔑視，但島村卻一而再再而三地提出借貸要求，到了第六十九次時，對方被他鍥而不捨的精神所感動，答應貸給他一百萬日元。

就這樣，島村資金到位後，開始繩索販賣業務。他用自己新創的「原價推銷法」這種完全無利潤反賠本的生意做了一年之後，成百上千的訂貨單就從各地源源而來。

接著，島村拿著進貨收據前去訂貨客戶處訴說：「到現在為止，我沒賺你們一分錢，如果這樣繼續下去，我便只有破產這條路可走了」。客戶為他的誠實所感動，心甘情願的把交貨價格提高為五角五分錢。

同時，島村又到岡山找麻繩廠的廠商商說：「您賣給我每條五角錢，我是一直照原價賣給別人的，才有現在這麼多的訂單，但如果這樣繼續下去的話，我只有關門倒閉了。」

岡山的廠商一聽，大吃一驚，像這樣自願不賺錢做生意的人，他們生平第一次遇到。於是不假思索，答應每條麻繩只收他四角五分錢。如此一來，島村每條就可以賺一角錢，每天的利潤就有一百萬日元。幾年間，島村就從一個窮光蛋搖身一變成為日本繩索大王。

由此看來，成功人士之所以成功，很大程度上就是因為他們能留意常人忽視的機會。

任何時候，都別低估人性

可以準確的捕捉到機會，除了要有先見之明，要善於捕捉時機，另外，就是要即便厚著臉皮也要大膽嘗試，堅持到底。

等待機會不如製造機會

在機會來臨時牢牢握住的人，是因為他比別人做了更充份的準備。

成功人士的眼睛都是雪亮的，因為他們善於捕捉資訊、抓住機會，從而把資訊和機會變成成功的資本。可以這樣講，是否隨時做好準備捕捉資訊、抓住機會，成為衡量你成就事業大小的一種手段。常有人如此感慨：「如果給我一個機會，我也可以……」他們把自己的命運繫在一個未來的機會上，當然不會成功，而且還可能至今仍在抱怨自己的命運。

羅丹說：「生活並不是缺少美，而是缺少發現美的眼睛。」同樣，生活並不缺少資訊和機會，而是缺少捕捉資訊、抓住機會的能力。如果有了敏銳的眼力和創造能力，即使沒有機會，也可以創造機會。

成功人士一般都有一雙敏銳的眼睛，隨時洞察著資訊和機會，普通人則正好相反。

一百多年前，有一個叫李維・施特勞斯的猶太人到美國三藩市去經商。除了普通的商品他還帶了些帆布以供淘金者做帳篷之用。但他還沒有來得及下船，除了帆布，貨物都一售而空。一針一線都需從外面進口的三藩市人的需求之旺，給李維留下深刻印象。

下船後，李維帶著帆布開始了他的「淘金」歷程。他幾乎立刻就和一個挖金的礦工迎面而遇，此人抱怨道，他們需要的並不是帳篷，而是挖金時經磨耐穿的褲子。頭腦靈活的李維一點也不含糊，隨即和那個礦工一起到裁縫店，用隨身帶的帆布給他做了一條褲子，這就是世界上第一條工作褲，亦即今日非常時髦的牛仔褲的鼻祖。那個礦工回去之後，消息不脛而走，大量訂單迅即而來。

礦工需要的是耐磨的褲子，而李維手頭只有做帳篷的帆布。如果李維的頭腦不靈活，他就只會後悔自己帶錯了商品，失去這次絕好的賺錢機會。

而李維的這個故事，正顯示了猶太人經商方面的精明果然名不虛傳。

任何時候，都別低估人性

人之所以可以獲得命運更多的青睞，能在機會來臨之時牢牢的掌握命運，那是他們為此進行了更為漫長和充份的準備，而且也比常人更不怕丟臉。

熱忱，就是把全身的每一個細胞都挑動起來

在這個世上付出的熱忱越多，就越能得到你想得到的東西。

熱忱，就是一個人保持高度的自覺，就是把全身的每一個細胞都挑動起來，完成他內心渴望去完成的工作。

正是出於這種熱忱，維克多・雨果在寫作《巴黎聖母院》的時候，才把自己的外衣都鎖入櫃中，一直到作品完成以後才拿出來。他這麼做的目的，就是為了可以全神貫注的投入工作。

一個非常成功的業務經理說，熱忱是優秀的推銷員最重要的物質，因此，握手時要讓對方感覺到你真的很高興和他見面。因為，虛情假意是騙不了人的。

過份的熱心、刻意的迎合別人，每個人都可以看得出來，也沒有人會相信。

熱忱並非與生俱來，而是後天的特質，你也可以擁有。

付出的熱忱越多，越能得到想得到的東西

在職場上，幾乎每一次和別人的接觸，你都在嘗試推銷某種東西給對方，或許是你的商品，或許是你的想法。因此，你必須先說服自己，你的理念、你的產品、你的服務或是你自己，是值得肯定的。嚴格的檢視，找出缺點，立刻改正，由衷的肯定你的理念及產品。

培養、展現和分享熱忱，是天真做人精神原則的完美表現。當你以熱忱完成你的工作時，就是更進一步的表現，你已在你的周圍創造出成功的意識，而此成功意識，無可避免會對別人造成更好的影響。

你在這個世界上付出的熱忱越多，就越能得到你想得到的東西。

任何時候，都別低估人性

握手時要讓對方感覺到你真的很高興和他見面，因為，虛情假意是騙不了人的，過份的熱心、刻意的迎合別人，每個人都可以看得出來，也沒有人會相信。

對於別人的忠告，應該仔細的反省其所指責的事物。坦然的接受批評，徹底的反省改進，讓別人的忠告成為自己成長的動力，才是一個正常人應該擁有的正確態度。

第十輯：禮物不是越貴重越好，小心厚禮沒人收

在送禮之前，要經常利用各種機會，研究別人的心理。因為只要送對禮物，做足人情，辦起事情當然要比其他人方便得多。總的來說，送禮就是要投其所好，但是又不能太低俗，所以要用心才可以有所回報。

誰都想讓自己被別人需要

關鍵要看自身有沒有實力，也就是說，要有讓別人重視的本事和能力。

誰都希望得到別人的肯定，都想自己說話有一定的份量，被別人當一回事，但是想要說話有份量，也不是無條件的，關鍵要看自身有沒有實力，也就是說，要有讓別人重視的本錢和理由。

在一家貿易公司上班的小吳，很不滿意自己的工作，他憤憤的對朋友說：「我的老闆一點也不把我放在眼裡，在他那裡我得不到重視，改天我要對他拍桌子，然後辭職。」

「你對那家貿易公司完全清楚了嗎？對於他們從事國際貿易的竅門完全搞通了嗎？」他的朋友反問。

「沒有。」小吳回說。

他的朋友建議說，「君子報仇十年不晚，我建議你好好的把他們的一切貿易技巧、商業文書和公司組織完全搞通，甚至連怎麼排除影印機的小故障都學會，再辭職不幹，也就是把你們公司當作免費學習的地方，什麼東西都學會之後，再一走了之，不是既出了氣，又有許多收穫嗎？」

小吳聽了朋友的建議，從此便默記偷學，甚至下班之後，還留在辦公室研究寫商業文書的方法。一年之後，那個朋友偶然遇到他，說：「你現在大概多半都學會了，可以準備拍桌子不幹了嗎？」

「但是我發現近半年來，老闆對我刮目相看，最近更是委以重任，又升官，又加薪，我已經成為公司的紅人了！」小吳笑著回說。

「這是我早就料到的！」他的朋友笑著說，「當初你的老闆不重視你，是因為你的能力不足，卻又不努力學習；而後你痛下苦功，當然會令他對你刮目相看。」

只知抱怨老闆，卻不反省自己的能力，這是人們常犯的毛病啊！因此，讓老闆重視你的最好做法，就是用真本領武裝自己。

任何時候，都別低估人性

如果想得到老闆的注意，要靠自己的實力去實現，千萬不要像小孩一樣跟老闆鬧情緒，一個人勤奮賣力了，學會許多東西，重要性大大地增加，自然也就成為一個老闆眼中有價值的人了。

你的熱忱決定你的成就

你一定要熱忱，否則，再有才華也會一事無成。

法國英雄聖女貞德憑著一柄聖劍和一面聖旗，外加她對自己使命堅定不移的信念，為法國的部隊注入了即使國王和大臣也無法提供的熱忱。因為，一旦缺乏熱忱，軍隊無法克敵制勝；一旦缺乏熱忱，人類不會創造出震撼人心的音樂，不會建造出令人難忘的宮殿，一旦缺乏熱忱，人類就不能馴服自然界各種強悍的力量，不能用詩歌去打動心靈，不能用無私崇高的奉獻去感動這個世界。也正是因為熱忱，伽利略才舉起了他的望遠鏡，最終讓整個世界都拜倒在他的腳下；哥倫布才克服了艱難險阻，領略了巴哈馬群島清新的晨風；莎士比亞才在紙上寫下了他不朽的詩篇。

你一定要熱忱

薩爾維尼曾經說：「熱忱是最有效的工作方式。如果你可以讓人們相信，你所說的確實是你自己真實感覺到的，那麼即使你有很多缺點，別人也會原諒。最重要的是，要學習、學習、再學習。

你一定要熱忱，否則，再有才華也會一事無成。」魯道夫自大學畢業之後，以壓倒性的勝利，擊敗經驗豐富的對手，當選國會議員。由於，他成功的整合其他國會議員，羅斯福總統特別重用他，主導戰時的特別立法。在一群華盛頓的教授所進行的一項調查中，羅斯福和魯道夫獲選為當時最受歡迎的政治人物。魯道夫的熱忱與無邊的魅力，讓他的積分還超過了總統。擔任十四年的國會議員之後，魯道夫決定轉入企業。他擔任首都航空公司總裁的助理，當時公司的運營正出現赤字。不到兩年的時間，他發揮自己無可抵擋的魅力，使公司的獲利超越了其他的航空公司。提到魯道夫的親和力，首都航空公司的總裁說：「他的貢獻超過他的薪水。除了他實際執行的工作，更重要的是，他的熱忱鼓舞了公司裡其他的人。」

任何時候，都別低估人性

美國社會活動家賀拉斯・里利曾說：「只有那些具有極高心智並對自己的工作有真正熱忱的工作者，才有可能創造出人類最優秀的成果。」

老闆如果懂得「賊一點」

老闆只要「有心」，員工的抱怨就會少一點。

在許多企業，老闆與員工的關係是對立的，就是一般的管理人員和員工的關係也是對立的，由於這種對立，造成上下的目標不一致，造成團體力量的削弱。而摩托羅拉公司自成立之日起，就針對這一問題，採取了以下有效措施：

一視同仁，長期雇用：摩托羅拉公司在雇用員工時，對應聘者一視同仁。另外，摩托羅拉在員工雇用方面的顯著特點就是所有正式員工均與公司簽訂無限期合約，這就意味著除非員工犯有重大錯誤，不然公司會在一般的正常經營情況下，將對其進行實際上的終身雇用，這個制度為員工提供了就業穩定性的保障。

真正的人格尊重：摩托羅拉公司的員工還享有充份的隱私權。公司內部能接觸到的雇員所有檔案，僅限於「有必要知道」的有關人員。員工的私人資料，只有在徵得本人書面同意的情況下才可以對外界公佈。這種對員工隱私的週密保護也充份表現了公司尊重人性的原則。

開放的溝通管道：摩托羅拉公司的開放溝通政策是指公司為促進員工關係，鼓勵員工參與意識所採取的雙向溝通策略。因為，透過開放式溝通，一方面，公司可以隨時瞭解和關注員工中存在的各種問題，聽取員工的改善意見；另一方面，員工也可以採用公司內部各種溝通管道與公司管理階層進行直接溝通，此外，員工還可以透過「暢所欲言」和「我建議」等形式反映個人問題，進行投訴或提出合理化建議。

摩托羅拉公司就是透過這一連串的措施，增加了員工的認同感和責任感，讓員工感覺到：自己就是公司的主人，我們要為這個大家庭齊心努力。

任何時候，都別低估人性

懂得賊一點的老闆，大多會讓員工可以暢所欲言，一方面可以讓員工認為自己是一個懂得傾聽員工心聲的老闆，另一方面也可以掌握員工心裡在想什麼？

送禮在平時，先有禮後有利

好禮就要像「轟炸機」，個頭不一定要大，但效果絕對要好。

古人云：「衣人之衣者，懷人之憂。」意思是說，穿了別人的衣服，懷裡就會裝著別人的心事或隱憂。換句話說，收下了別人送來的禮物，就得為別人做事。所以，想要求人做事，就得首先學會給人送禮。求人送禮不能臨時抱佛腳，最好是逢年過節，或在對方過生日，或生病時，送去禮物，這樣就名正言順，讓對方無法拒絕，自己的目的也容易達到。求人送禮要講究策略，有時候送對方喜歡的東西，還不如送其家人喜歡的東西，更能加強對方對你的好感。尤其重要的是，像這種針對家人的送禮方式，有時候會讓你和對方之間的交情產生意想不到的效果。

有「禮」才有「利」

求人送禮，不能盲目魯莽，以禮壓人，一定要瞭解對方的興趣，來巧妙安排對方易於接受禮物。如今社會中，「利」和「禮」是連在一起的，先「禮」後「利」，有「禮」才有「利」，這已成為人際公關的一般規則。有兩家商店，同時裝修，同時開業，店裡設備也大致一樣；但經營了一年之後，甲店比乙店經營得好，也就是說甲店賺了，而乙店虧了。為什麼同時開業，同樣的「硬體」，但賺錢的情況卻不一樣呢？

說來也簡單，甲店的老闆喜歡和顧客閒聊，顧客的所需所愛，也就全在老闆的瞭解之中，所以，顧客要為家裡的老人買餅乾，他會說：「這位太太，老年人吃這種餅乾不好，您可以試試這種，這種餅乾好消化，或是他會說：這位媽媽，小孩吃這種餅乾好，這種餅乾有加鈣……」

掌握顧客的心理，經常就是制勝的法寶。甲店的老闆經營得好，主要就是因為他和顧客經常閒聊，在這談話之中就瞭解到了顧客的需求，同時也拉近了他和顧客的心理距離，顧客就有了一種安全感。顧客對於商家充份信賴，而商家也瞭解顧客的需求，這樣的經營豈有不勝的道理？

任何時候，都別低估人性

禮品是一個宣言，它宣告了你與接受者的關係，一個做人懂得「賊一點」的人，會花心思，將禮物送到恰到好處。

送對禮，比會送禮更重要

把禮送到對方心坎上，是做事成功的一大保障。

清代鄭板橋不喜歡商人，經常將向他購買字畫的商人拒之門外。有一個商人就比較聰明，他知道鄭板橋不收禮，但喜歡吃狗肉，於是就在鄭板橋經常遊玩的地方燉了一鍋狗肉。果然，鄭板橋出門遊玩時，聞到狗肉味道，立刻循味而來，商人假裝不認識他，但是邀請他一起吃狗肉。

俗話說：「吃人嘴短。」鄭板橋吃完，於是讓人取來紙筆，揮毫為商人畫了一幅畫做為答謝，可見花點心思，把禮品送到對方心坎，能讓你做事簡單快速。

因此，不僅要知道要送禮，更要會送禮。要知道一件對的禮物不僅可以打動人心，而且能讓你得到意想不到的收穫，就像上述故事那個商人，送了一鍋狗肉換到一幅鄭板橋的畫一樣。

好話也是好禮

說好話在很多時候就是拍馬屁，拍馬屁不難，但要拍得讓人舒服，就需要些學問。

袁枚是清朝非常有名的才子。他對為人處世之道也很精通，尤其善於給別人戴「高帽子」。他考取功名，準備赴任之前，特地去向老師尹文瑞辭行。老師問他：「你年紀輕輕就受到朝廷重用，一定要謹慎行事，不知道此次赴任前都做了哪些準備？」

袁枚說：「老師，我已準備好了一百頂高帽子……」

尹文瑞是乾隆時期一個德行、操守堪稱一流的名臣，他聽了袁枚的話，很不高興的說：「年輕人怎麼搞這一套？太庸俗了！」

袁枚對老師恭敬的說：「現在社會上每個人都喜歡戴高帽子，不準備不行，說句真心話，世上有幾個人能像老師這樣不喜歡別人送頂高帽子呢？」

尹文瑞一聽，不禁頻頻點頭，當袁枚從老師那裡回來後，向同學把拜訪老師的經過述說一遍，感慨道：「看來，多準備些高帽子確實不錯，老師那裡我已送出一頂！」

世人不僅喜歡好禮，也喜歡好話，對那些不喜歡實物禮品的人，好話比好禮更能讓他們動心。

做人賊一點，吃虧小一點

做人有點賊的人，深諳戴「高帽子」必須掌握好一定的度，既要用戴「高帽子」贏得別人的讚賞和喜愛，也要避免陷入阿諛奉承的境地。

禮物不是越貴重越好，小心厚禮沒人收

禮物不在多，送禮不怕少，只要能送得出去的禮物就是好禮。

送禮送多少才算適合？其實每個人心裡都有一桿秤。送禮的多少與輕重，應視與對方的關係、送禮的目的以及受禮者的身份而定。與你關係密切的人，你當然可以送他重禮，也可以送一般的禮物，關鍵看在怎樣的場合。泛泛之交，互贈禮品時免不了幾分試探，一般總是抱著不讓對方吃虧的心理，你贈我一盒點心，我還你一袋水果；你送我一本書，我回贈一支鋼筆。價格相當，互利互惠，隨著交往由陌生到熟悉，由膚淺到深入，由疏遠到親密的發展，禮品的輕重往來也隨之發生變化。

禮物送的再豐厚，也只是庸俗意義上的交換

有人送禮是為了求人做事，那麼，禮物的輕重就與做事的大小有關。求人辦大事，禮物太微薄，事情就難辦成。禮物太豐厚，受禮者迫於壓力有可能拒收，事情就更難辦成。

當然，並不是說輕微的薄禮必顯情意，貴重的厚禮一定是為了功利，關鍵看禮品是否真正成為心靈的媒介，情誼的象徵。「禮輕情意重」的另一層含義就是：禮輕、禮重都是相對的，再貴重的禮品，和人與人之間的情意相比都是輕微的。

歐美人送禮，經常一束野花、一本書、一小簍水果均成敬意。送禮對他們而言，是一種禮貌、尊重、感謝的表示，而不是給對方的物質援助或經濟補貼。而我們經常出於面子的需要，覺得很少的東西拿不出手，要送，就得送多些，送得貨真價實。

特別是第一次見面，你一次提了那麼多禮物，人家還認為你有什麼不可告人的目的呢！誰還敢收？如果主人不肯收，你的處境就尷尬了，於是你推我讓，最後，難下台的還是你。退一步說，主人就算收下禮物，心裡一定老大不愉快。你自認為是好意，人家的心裡卻有了壓力。

任何時候，都別低估人性

試圖靠送禮來打通關節，聯絡感情，巴結權貴，搏取功名，這樣的禮品再貴重，但它所蘊含的情意也是虛假的。

送禮一定要送到心坎上

送禮要懂得投其所好，否則只會費力不討好。

送禮要看對象，要懂得依據對象的不同，而運用不同的方法。關鍵是要達到送人所需，送人所求，投其所好，送到人的心坎上才是送得巧妙，物有所值。

在中國，送禮方式帶有很強的時代特徵，講究時尚潮流。有些物品會在某個時期突然身價倍增，成為人們的掌上明珠。例如蛋塔熱，人們對蛋塔突然產生了瘋狂的喜愛，大肆宣傳蛋塔有多好吃，於是蛋塔大賣熱賣，一下子成為人們送禮的最佳選擇。

送禮要看對象，不同的人送不同的禮，要投其所好，否則你只會費力不討好。例如：對於不懂藝術的人，你送給他再好的字畫，他也不會感到高興；對於菸酒不沾的人，你送再貴重的菸和酒，他也不覺著怎樣。

另外，送禮要區分對象，一般來講有以下區別。

男人和女人禮物不同：女人以衣物、飾物、小玩意等為佳；男人以對有助於推動工作的用品、

3C產品等為佳。

興趣與嗜好不同，禮物不同：集郵的人你給他一張他沒有的郵票就會讓他興高采烈，集石的人你撿一塊好看的石頭給他，比買一個貴重的禮品更讓他高興。給喜愛文學的人送上一套好書，給喜歡棋牌的人送上一套高檔棋牌，都會讓其非常高興。

文化背景不同，禮物就不同：文人墨客，可送一些高雅的東西，但對於些貧窮的知識份子，你送些生活日用品和食品等也會令他高興；對於文化水準較低的人，你送文化用品就會適得其反，但如果他有孩子，一般父母都望子成龍，你送文化用品給他孩子也會令他高興。

經濟地位不同，送禮也不同：對於不是太富裕的人來說，你送的禮物越貴重，他越高興；但對於已經不把錢財當一回事的成功人士或是胃口已經開得很大的人來說，你就必須在禮物的意義上下功夫了，要儘量誇大禮品的含義。

任何時候，都別低估人性

在送禮之前，要經常利用各種機會，研究別人的心理。因為只要送對禮物，做足人情，辦起事情當然要比其他人方便得多。總的來說，送禮就是要投其所好，但是又不能太低俗，所以要用心才可以有所回報。

送對身份，恰到好處才是好禮

一件禮物如果送對了，在交際的道路上，就會走得非常暢通。

饋贈禮品的時候，有些人認為其價格越高越有意義，越能表達饋贈者的深情厚誼。其實，這樣做是把饋贈的禮品商品化了，與饋贈的本意相悖，經常弄巧成拙，讓人懷疑饋贈者的動機。

價格昂貴的禮品，不見得能表達真情實意，微薄的禮品也不一定不成敬意。「千里送鵝毛，禮輕情意重」，正是強調了禮品的情意性，淡化了禮品的功利性。總之，饋贈禮品的時候，首先要考慮禮品能否表達饋贈者的真情實感，絕不能把禮品庸俗化，當作交易的籌碼。

贈送的禮品是情意的載體

許多禮品其實都是尋常之物：一片楓葉，能表達出你對戀人真摯的感情；一粒紅豆，能準確的表達出你對情人的相思之意；一塊石頭，恰是地質研究人員送給親朋好友的最佳禮品；正是這些尋常之物，寄託著戀人、朋友、親人間的深情厚誼。常言說，送禮要送到心坎上，禮物是感情的傳遞物，是傳送情感的媒介。所以，應根據自己的感情和心理來挑選禮物，也就是說，要千方百計將自己的情感心理，透過特定的禮品表現出來，讓對方在接受禮品時，能感受到這份禮物的深厚情意。在社會交往中，饋贈禮品要恰如其份，注意選擇與受禮者身份相宜的禮品。在任何時代，人們的身份和等級觀念都很強，對方的身份不同，送禮的方式和禮物的貴賤都不一樣。當然，有許多禮物適合所有人，如一些日常用品等。但是，做為送禮者，想要送一份讓對方滿意的禮品，必須要瞭解他的身份。因為，身份還是一種地位的象徵，一般而言，送禮者經常以社會地位高低為標準，送給地位高的人高價物品，送給一般地位的人普通物品，這已成為一種風氣。

事實上，禮物的輕重與對方在自己心目中的地位成正比，因此送禮時，便難免要將受禮者的身份衡量一番。

任何時候，都別低估人性

對什麼人都一視同仁，則可能會被對方視為無大無小，無尊無賤，深諳選擇與受禮者身份相宜的禮品，才是恰如其份的好禮。

精心包裝，讓你的禮物物超所值

包裝與禮品是一體的，而不是禮品的附屬物。

包裝做為禮品不可缺少的外在形式，它已逐漸成為禮品的重要組成部份，並且增加禮品價值的作用。包裝是形式，禮品是內容，二者統一起來，才會產生和諧美。

包裝和禮物一樣重要，在送禮時，如果將禮物略加修飾，就會令平淡無奇的禮品，頓時顯得精緻起來，使收到禮物的人，首先感到賞心悅目，收到視覺上的效果。而且，精美的包裝還可以增加禮品的價值。要知道同樣的禮品，包裝精美與否，其價值是不相同的。

在歐美，有時候包裝的費用甚至比禮物本身還要貴，花十美元包裝一件價值一美元的禮物，這樣的事例屢見不鮮，包裝的價格已融入了整個禮品的價值之中。

包裝應突出禮品，不能喧賓奪主

禮品包裝應隨禮品而設計，如果不是很鄭重或不是為了營造神秘氣氛的話，禮品要儘量透過包裝顯露出來，包裝應突出禮品，而不能喧賓奪主，使禮品在精美的包裝面前黯然失色，有名不副實之嫌。禮品包裝設計要美觀大方，簡潔流暢，不必過於繁瑣。成功的包裝不僅能使禮品增色，也會滿足送禮者的期望值。禮品的包裝也是對其本身的保護，選擇的禮品如果是易破碎物品，如玻璃器皿、陶瓷等，適當的包裝可以避免禮品磕碰、磨損。包裝還可以使禮品不易變質，如選用複合鋁袋包裝，抽氧沖氮，可以讓茶葉中的維生素保持一年以上。

所用包裝材料的顏色是一種暗示，冷色沉著鎮定，暖色溫馨舒暢，大花熱情奔放，小花含情脈脈。從饋贈禮品包裝的外觀色彩，就可以給予禮品以特定的判斷，是輕快還是肅穆，是喜慶禮物還是弔唁禮物。

色彩做為包裝的一部份，也就成為饋贈符號的一部份。

任何時候，都別低估人性

精心的包裝能使人感到情深意長，讓對方感覺到他在你心目中的重要地位，進而更能強烈的打動對方的心扉。

心學堂 29

人性

企劃執行　海鷹文化
作者　陶淵亮
美術構成　騾賴耙工作室
封面設計　九角文化/設計
發行人　羅清維
企劃執行　林義傑、張緯倫
責任行政　陳淑貞

出版者　海鴿文化出版圖書有限公司
出版登記　行政院新聞局局版北市業字第780號
發行部　台北市信義區林口街54-4號1樓
電話　02-2727-3008
傳真　02-2727-0603
E-mail　seadove.book@msa.hinet.net

總經銷　知遠文化事業有限公司
地址　新北市深坑區北深路三段155巷25號5樓
電話　02-2664-8800
傳真　02-2664-8801

香港總經銷　和平圖書有限公司
地址　香港柴灣嘉業街12號百樂門大廈17樓
電話　（852）2804-6687
傳真　（852）2804-6409

CVS總代理　美璟文化有限公司
電話　02-2723-9968
E-mail　net@uth.com.tw

出版日期　2024年04月01日　二版一刷
定價　320元
郵政劃撥　18989626　戶名：海鴿文化出版圖書有限公司

國家圖書館出版品預行編目（CIP）資料

人性／ 陶淵亮作.
-- 二版. -- 臺北市 ： 海鴿文化，2024.04
面 ； 公分. --（心學堂；29）
ISBN 978-986-392-520-0（平裝）

1. 應用心理學　2. 人性　3. 成功法

177　113002886